侬家正住莲花地

澳门历史建筑文化解码

黄文辉 著

南方出版传媒 花城出版社

中国·广州

图书在版编目（ＣＩＰ）数据

侬家正住莲花地 ： 澳门历史建筑文化解码 / 黄文辉
著. -- 广州 ： 花城出版社，2019.12
ISBN 978-7-5360-8986-0

Ⅰ．①侬… Ⅱ．①黄… Ⅲ．①古建筑－介绍－澳门
Ⅳ．①K928.71

中国版本图书馆CIP数据核字(2019)第252678号

出 版 人：肖延兵
策划编辑：林宋瑜
责任编辑：揭莉琳　林　菁
　　　　　刘玮婷　罗敏月
技术编辑：凌春梅
封面设计：DarkSlayer
图片摄影：黄文辉　陈显耀

书　　名　侬家正住莲花地：澳门历史建筑文化解码
　　　　　NONGJIA ZHENGZHU LIANHUADI AOMEN LISHI JIANZHU WENHUA JIEMA
出版发行　花城出版社
　　　　　（广州市环市东路水荫路 11 号）
经　　销　全国新华书店
印　　刷　佛山市浩文彩色印刷有限公司
　　　　　（广东省佛山市南海区狮山科技工业园 A 区）
开　　本　787 毫米×1092 毫米　16 开
印　　张　18.5　1 插页
字　　数　260,000 字
版　　次　2019 年 12 月第 1 版　2019 年 12 月第 1 次印刷
定　　价　72.00 元

如发现印装质量问题，请直接与印刷厂联系调换。
购书热线：020－37604658　37602954
花城出版社网站：http://www.fcph.com.cn

代序

回归后，我做了"导游"

"各位，这里就是澳门著名的地标大三巴牌坊，相信大家都很熟悉，但你知不知道这座牌坊可以说是用石头雕刻的教义书？为什么这样讲？下面请听我为大家介绍……"

每次带着参观者来到大三巴牌坊，我一般会如此开始我的"导游"介绍。

慢着！认识我的朋友会喝住说，文辉你啥时候改行做了导游，怎么我不知道呀？

朋友们有所不知，有那么几年，我还真是隔三差五地要做导游，不过不是一般带旅行团参观的导游，而是专门为澳门文物景点做导赏的导游。

故事要从澳门回归祖国后的第二年——2000年讲起。那一年8月，我来到澳门文化局当时叫作文化财产厅的部门报到，加入正摩拳擦掌准备申报澳门文物建筑进入联合国教科文组织《世界文化遗产名录》的团队。这是回归后澳门政府在文化领域的一项重要工作，也是一项只有在回归祖国后才能达成的国家级任务。

我负责搜集、整理相关文物资料，撰写景点介绍，还要协助宣传推广。

那可是个从零开始的任务。

一穷二白。与历史建筑相关的中文史料固然不多，葡语的也零星，散见于各种专著里。我要做拼图员，将分散零落的资料找出、梳理、考证，拼出每个文物景点的前世今生图像。结果知识大爆炸与大丰收。一下子，澳门四百多年历史、政治、文化、宗教、民俗甚至建筑风格、城市规划等一大堆内容，囫囵吞枣硬生生地塞进我的脑里，还得迅速消化理解，因为我要撰写景点介绍，要办班做导师去培训年轻的"文物大使"，要做展览板到澳门学校巡回展出和做讲座，也要领队参观文物景点当导赏员——我的"导游"生涯就此开始。

导赏员可不容易当。记忆力强、知识广博、口齿伶俐、讲解有序，是基本要求了，但我认为最要紧的是，要有做学问的道德操守，知之为知之，不知为不知，在讲解时绝对不能胡编乱扯。我曾经在大三巴牌坊后的天主教艺术博物馆里，亲眼看着一位导游对着内地来的大叔大妈"表演"，把油画上的圣方济各说成耶稣，把长崎传教士殉教说成耶稣受难。最不可思议的是，画框下面明明有说明牌白纸黑字写着主题……这个导游名副其实睁眼说瞎"画"！

胡说瞎编景点史料是不道德的，即便是一些有文字记载的，也得分清是信史还是传说，介绍时要清楚说明，有一分证据讲一分话。尤其我们是代表官方做介绍，"戏说"都不可以，何况是无厘头的胡说。

要导赏深入浅出，别无快捷方式，只能多看多读多问，所谓台上一分钟台下十年功，没看过几千字的材料，又怎能做一分钟的介绍？

金庸名著《倚天屠龙记》里，张三丰当着强敌的面教张无忌学太极剑，说："我在这儿教，无忌在这儿学，即炒即卖，新鲜热辣。"当年我做导赏，也是这样的即炒即卖，边学边讲。那是一段痛苦而快乐的日子。痛苦是因为书山文海何其大何其广，却要在短时间内啃下消化掉，难度可想而知；快乐，当然是因为畅游书山文海一番后，自己的澳门文史知识像练武功一般，打通任督二脉，功力逐渐深厚。而且，有时候还能享受犯罪小说中侦探破案的成就感。

比如澳门十月初五街有座康真君庙（俗称康公庙），侧殿里供奉着"敕封宋校尉府绥靖伯陈老官人"。我从一本广东台山地区的掌故书里查到，说绥靖伯是真有其人，原名陈仲真，"生于南宋庆元二年（1196年），……宋理宗朝任屯田校尉。……景定五年(1264年)正月十六夜，……仲真父子三人饮了毒酒暴毙，葬于百峰山五指滕下。后人传说陈仲真死得忠烈，有神灵，建庙奉祀，称为陈老官。道光年间敕封绥靖伯"。能查出这条材料，我已经很高兴，因为中国民间信仰各处乡村各处神，信众爱供奉谁就供奉谁，神灵来历有时连庙祝都不知道。至于康公庙为什么会供奉绥靖伯，当时就没去追究了。有天翻阅澳门近代著名的中葡双语报刊《镜海丛报》时，赫然看到一则澳门居民"远迓灵神"的报道："广州府属新宁县内，有福神焉，曾受敕封为绥靖伯。神本陈姓，符于有功于民则祀之义，一县奉为香火，水旱疾疫，求祷灵应。"几天后另一则报道云："康公庙前，现建大厂一座，供奉陈绥靖伯神像，男女分日而往，祀福祈恩，纷驰于道。"原来当年澳门疫情严重，经月未除，民众便远从新宁县请来绥靖伯，祈求消灾解难，陈老官人也顺道"移民"澳门，入住康公庙！

又比如，在找文物建筑"东方基金会会址"资料时，我查到说当年英国派来给乾隆贺寿的特使马戛尔尼（George Macartney）曾在这座大楼住过，灵机一动，想到当年使节团的秘书斯当东（Sir George Staunton），回英后写了本《英使谒见乾隆纪实》，详细介绍了整个出使过程和中国的风土人情，其中会不会有这座大楼的记载呢？找书一看，果然有。

从一座寺庙里的神像，牵扯出近代澳门防疫史和民间信仰史；从一座西式大楼，牵扯出一段中英交往史，这种史料"考古"工作，对我这个非历史专业出身的人而言，实在太过瘾了，加上能丰富澳门文物建筑的历史叙述，成就感也是满满的。

在文化财产厅工作期间，上至国家相关部委的领导，下至台湾地区的大学校长团、香港地区的专业导游团以及澳门本地的街坊师生，我都有幸为他们做过导赏。每次看着他们带着对澳门有新认识的赞叹满足表情离开，我就庆幸自己的努力没有白费。最难忘的是接待一位学者型领导，参观完坐下来歇息聊天，他跟我们讲，文物建筑的保存往往与城市经济发展息息相关，有些地方经济蓬勃，大兴土木，旧建筑让位于新高楼，统统给拆掉，今天便为没有保存好历史建筑而扼腕兴叹；像澳门这般过去经济不发达，旧建筑逃过灭顶之灾，保存下来，成了文物，才能有这个旧城区的局面。过去这十多年，澳门经济迅猛发展，整个城市天际线可谓改头换面，文物保护与经济发展碰撞出来的争议声音，更是不绝于耳。回想起这位领导当年的话，不得不暗自庆幸，澳门多亏在国家大力支持下，于2005年已把"澳门历史城区"成功列入《世界文化遗产名录》，否则真不知道有多少历史建筑可以逃过挖土机的巨灵之手？

几年前，我在书店偶然见到一本陈志华教授著作的《文物建筑保护文集》。陈教授是清华大学建筑系教授、文物建筑保护专家，我曾经在澳门接待过他。好奇之下翻起书来，竟然见到一篇《澳门行》，记载他2005年来澳门考察文物保护工作时的思考，里面居然提到我，且有一段这样的文字："我们见到了几幅这类活动的照片，热热闹闹的很红火。在好几幅照片里，主持人是文化财产厅的高级技术员黄先生。给我们做工作报告的也是他。他的报告，基本理念、价值观和方法论原则都讲得很好，而且报告的结构非常严谨、讲得又生动，精气神十足，我听得甚至激动起来。"——能得到陈老这番谬赞，我那即炒即卖的"导游"工作，应该可以小学毕业了！

做历史文物景点的导赏员，表面看像个新闻记者般，把与每个景点有关的时、人、事讲清楚就可以，但我认为要讲好澳门故事，更应该说明澳门之为澳门的独特之处。

讲到澳门的时候，我们总说她历史上是中西文化交流的桥头堡，这当然对，但澳门这中西文化交融而生的宁馨儿形象是结果，其始因呢？总结多年学习澳门历史文化的心得，借用今天一个流行的名词来说，我觉得不能忘记这样一个事实：澳门的荣耀来自于祖国，她是与祖国母体紧密相连的命运共同体，一块折射四百多年中国历史变迁的反光板。

在西方以发达的航海技术和大无畏的探险精神，拉开大航海的全球贸易序幕时，我们的明清政府却选择以闭关锁国来应对外来挑战，而蕞尔小岛澳门就在这种碰撞的夹缝中，机缘巧合地挤进了中国历史的叙述篇章。不管我们用多少美丽的语句来形容澳门中西文化交融的累累硕果，必须实事求是地承认说，在绝大部分的时间，澳门这座"天主圣名之城"，只是个中转驿站，远方来客千里迢迢旅程的目的地永远是王朝首都；即便成了中国土地上唯一容许外国人合法居住的地方，澳门街上络绎于途的外邦商人，其目光注视着的，依然是沿着内河直上的广州十三行。国家兴盛时，澳门迎来了北望神州华夏文化的传教士，以及捧着丝绸瓷器大发横财梦的里斯本商人；国朝衰落时，澳门接待了奉旨禁烟的钦差大臣林则徐，更送别了无数经此地被卖身去南美南洋的"猪仔"苦力……

回首前尘，16世纪开埠以来的澳门故事，有哪一段不是与祖国血脉相连，共呼吸，同命运？尤其是19世纪末以来，即便澳门受着葡萄牙人殖民统治，但她有哪一段历史能自外于中国政治、社会变迁而不受影响呢？四百多年的历史清楚说明：祖国强，则澳门兴；祖国弱，则澳门衰。

1999年回归后，在国家各项优惠政策支持下，澳门社会的巨大变化已是有目共睹，毋庸多言。我当年有幸参与其申报筹备工作的澳门历史文物建筑，已以世界文化遗产"澳门历史城区"之名受到本地市民的关注爱护，并且成了澳门亮丽的文化名片吸引外来游客慕名来访，而其得以在短短五年内就申报成功，更是与国家相关部委和专家在背后发功，大力支持与指导密不可分。

今天，我已不在负责文物保护的部门工作，但我仍然非常乐意偶尔客串做文物"导游"，带领参观者通过有形的历史建筑，欣赏澳门四百多年无形的文化积淀和价值意义，讲好澳门故事，诉说那一段段与祖国命运休戚与共的不凡历程！

Contents
目 录

辑二　澳门文化遗产

辑三　逛澳门

解码：

中西文化交流的"桥头堡"——澳门 DECIPHER

前言

澳门在中国土地上的战略性位置，及其由中葡两国建立起来的特殊关系，使之在数百年里，成为文化、科学、技术、艺术以及建筑等多种领域的人文价值的重要交流点。

　　澳门担负着一项独特的见证：16至20世纪之间西方与中国第一个也是最长久的一个交接处，贸易商人与传教士的焦点，以及知识的不同领域。这交接引起的碰撞，可以从形构澳门历史城区特性的多元文化融合中寻根溯源。

　　澳门已跟西方与中国文明之间多种文化、精神、科学、技术互为影响的交流紧密相连；这些理念直接导致中国巨大变革的萌芽，并最终结束了封建帝国时代，建立现代的共和制度。

　　上述三段话，是联合国教科文组织世界遗产委员会在评审"澳门历史城区"时的评语，是世界人民对澳门的共识，也最能说明澳门在中西文化交流史上的文化与历史价值。

　　可是，澳门这种独特的文化与历史地位是如何建立起来的呢？其具体价值又体现在什么地方呢？本文将以世界文化遗产"澳门历史城区"为切入点，细说澳门这座中西文化交流"桥头堡"走过的历程，及其衍生的价值。

一

澳门半岛原来只是个孤悬海中的小岛，因西江带来泥沙在它与大陆之间逐渐堆积成一道沙堤，被称为莲花茎，遂使澳门变成一个半岛。我国第一本澳门专史《澳门记略》中谓："出（前山寨）南门不数里为莲花茎，所谓一径可达者。……茎以一沙堤亘其间，径十里，广五六丈。"走过莲花茎，便是澳门了。

澳门自古以来为中国的领土。据学者在澳门路环岛黑沙的考古发现，证明澳门地区在距今5000～6000年前已有人类活动，其史前文化同珠江三角洲地区属同一区域文化系统。现藏于澳门艺术博物馆的一件可复原的彩陶盘，其制作风格与工艺技术，除具有本地区域文化特色外，亦可见曾受中国新石器时代彩陶艺术的影响，证明了澳门与祖国一脉相连的文化渊源。

澳门于秦时属南海郡番禺县，晋及南朝属东官郡，隋属南海县，唐属东莞县。南宋绍兴二十二年（1152年）新置香山县，澳门划归香山县管理。

澳门最早的居民，有研究指是瑶族、畲族、蜑人。不管是否属实，可以肯定的是在葡萄牙人来到之前，澳门半岛已有华人聚居点，在今妈阁、望厦、沙梨头等一带。当时澳门半岛的面积很小，一直到1840年左右，澳门半岛的面积只有2.78平方公里。

以葡萄牙人为主的外国人于1557年开始陆续定居澳门。随着居住人口的增加，以及现实的需要，各种各样的教堂、住宅及公共建筑亦相继修建。写于嘉靖四十三年（1564年）的庞尚鹏《抚处濠镜澳夷疏》谓："近数年来，（夷人）始入濠镜澳筑室，以便交易，不逾年多至数百区，今殆千区以上。"嘉靖四十四年（1565年）曾到澳门游历的叶权又称："今数千夷团聚一澳，雄然巨镇。"被称为"澳门缔造者"的西班牙神父贡萨雷斯（Gregório González）大约写于1565年的信件更明确地说："以此在十二年的时间内，在称为Macau的陆地顶端形成了一个巨大的村落。有三座教堂，一所济贫医院及一所仁慈堂。现在已成为拥有五千基督徒的村落。"可见其时澳门城市发展的迅速。

其后，葡人于1583年自行组织议事会，处理葡人内部事务，包括市政、治安、司法、社会福利等。至1586年，葡属印度总督宣布澳门为一座城市，称为"天主圣名之城"（葡文Cidade do Nome de Deus，英文 City of the Name of God）。

到17世纪，澳门的城市建设已经有一定规模。据17世纪中叶到过澳门的屈大均在《广东新语》中记载："澳有南台、北台，台者山也，以相对，故谓澳门。番人列置大铜铳以守。其居率为三层楼，依山高下，楼有方者、圆者、三角者、六角者、八角者，肖诸花果形者，一一不同，争以巧丽相尚。己居楼上，而居唐人其下，不以为嫌。"澳门的城市建设显然给屈大均留下深刻印象，其组诗《澳门》第一首即说："广州诸舶口，最是澳门雄。"西方文献方面，雷戈（Diogo Caldeira Rego）写于1623年的《澳门的建立与强大记事》说："在这短短的几年里，本市（澳门）在教会以外的方面发展也不小；无论从建筑物的规模或豪华来看还是从居民人数来看，它到今天都算是东方最主要的城市之一。"另一篇博卡罗（António Bocarro）写于1635年的《要塞图册》也说澳门是"东方最繁华的城市之一，与各地来往贸易兴隆，有大量各种财物和珍贵物品"。

与此同时，为防范其他西方国家对澳门的抢夺，在中国政府的默许下，葡人在"天主圣名之城"四周修筑城墙和炮台。城墙东面以今白鸽巢前地至大炮台山及若宪山一线为界，西面则至今主教山一带。炮台则设在山顶高处及主要海港出入口。到18世纪中叶，《澳门记略》记载其时澳门"城固而庳。大门一，曰三巴门。小门三，曰小三巴门、曰沙梨头门、曰花王庙门。炮台六，最大者为三巴炮台。……次则东望洋、西望洋。……娘妈角炮台……南环炮台、噶斯兰炮台……"

从清康熙十八年至二十一年（1679—1682）的《广东澳门图》可见，其时葡人聚居的"天主圣名之城"四周城墙环绕、炮台森立，城内则楼房、教堂、广场、码头井然分布。

为数众多的教堂是给当时中外人士留下深刻印象的澳门特色。康熙十九年（1680年）到澳门圣保禄学院学习的华人修士陆希言在《墺门记》中记有8座教堂："曰圣伯多禄堂、圣保禄堂、圣多明我堂、圣方济各堂、圣奥吾司定堂、圣安多尼堂、圣老楞佐堂、圣辣匝罗堂。"值得注意的是，陆希言所用的这些教堂中文名称，许多至今仍被澳门居民沿用。这些教堂由不同天主教修会开办。陆希言解释说，澳门之所以有这么多教堂，乃是因为"同一圣教会而昭事钦崇，但作圣之功不同，故建堂而各自焚修焉。若圣多明我、圣方济各则苦修克己者也。圣奥思定则礼貌相似而规诫少宽。圣安多尼、圣老楞佐皆统于圣伯多禄。虽洁身修行，然稍存世俗，专于经理教众之婚娶丧葬之典焉"。这些都是非常精到内行的见解，非一般将西式教堂类同中式寺庙的教外人士能办到。

总而言之，到17世纪的时候，一个南欧式小城已出现在中国南方的蕞尔小岛——澳门之上了。它由城墙和众多炮台保卫着，有众多的教堂和修院，有完善的公共机构和设施。这个南欧式小城，就是今天澳门历史城区所覆盖的地方，也就是今天澳门历史城区历史价值的由来。

到18、19世纪，虽然澳门的经济地位日渐衰落，但整个澳门城已发展成一个华洋杂居、环境舒适、富有南欧风情的小型商埠。瑞典人龙思泰（Anders Ljungstedt）在1832年初版的《早期澳门史》中描述道："这个丘陵起伏的居留地属于广东省的一个三等小城香山县管辖，但横贯地峡的城墙将澳门与整个香山大岛分隔开来。……它的平地部分，除了少数欧洲风格的住宅外，主要是市场以及许多为商人和手艺人而设的中国店铺。这些建在斜坡、小丘边缘和顶上的各种各样的公私建筑，最能引起旅行者的注意。从山的巅峰，向东是东望洋炮台，在这里有东望洋圣母雪地殿教堂；向西是西望洋山，顶上有西望洋圣母堂。这里朝向一个宽阔的半圆形海湾。海湾方向朝东，其右方是伽思兰炮台，左方是南湾炮台。在我们的前方，则是宽广、开阔、空气清新的码头南湾，以及一大批豪华住宅，其中有总督和番差的住所。"时隔百多年，龙思泰所描述的景色，今天仍然呈现在游人的眼前。

另一位与龙思泰同时期的美国人亨特（William C. Hunter）在其1885年初版的《旧中国杂记》（*Bits of Old China*）中也称赞澳门，说："（外国人）都很喜欢它那宁静安谧的生活、华美的气氛以及可爱的气候。即使他们不懂得引用爱尔汗布拉宫（Alhambra）的铭文说，'假如地上有一座乐园，它就在这里！'也该会说句实话：这里真是舒服极了。"亨特又记载说："澳门自1762年以来，一直是广州的外国侨民的避暑胜地。"又说："世界上能有这么好景致，而且在地理上、历史上、政治上都如此饶有趣味的城市，总共没有多少个。如果再加上它有益健康的气候、晴朗的天气和清新的空气，这就难怪许多'老广州'选择它作为他们永久的住处了。"

　　其实，澳门自开埠以来，即为华洋杂居的地方。嘉靖四十四年（1565年）吴桂芳上《议阻澳夷进贡疏》谓："驯至近年，各国夷人据霸香山濠镜澳恭常都地方。"濠镜澳为澳门旧称。从"各国夷人"一语可知其时澳门不止葡萄牙人在此从事贸易。王士性于万历二十五年（1597年）出版的《广志绎·卷四》更明确指出："香山岙乃诸番旅泊之处，海岸去二百里，陆行而至，爪哇、渤泥、暹罗、真腊、三佛齐诸国俱有之。"上面提过的雷戈在《澳门的建立与强大记事》说："（澳门）有四百多已婚葡人……还有许多当地和外地的已婚者以及许多其他国家的人，这些人因为在这里进行大宗贸易而来往于东方各地，每年大部分时间在本市居住。"同样记载见诸博卡罗（António Bocarro）："除葡萄牙已婚者外本市还有数目大致相同的当地和中国基督教徒（他们占大部分，被称为Jurubaças）和其他民族的已婚者。"据研究，"天主圣名之城"内的居民虽以葡人及华人为主，但仍有其他东南亚、日本、荷兰、西班牙的商人在此活动，更有为数不少的由葡人从非洲带来的黑人奴隶。

　　由乾隆二十五年（1760年）到道光二十三年（1843年），朝廷禁止夷商在广州过冬，于贸易期后，要到澳门居住。所以马士在《中华帝国对外关系史》说："葡萄牙人的贸易衰落了，但澳门繁盛起来。它在中国人的监督下，变成各国与广州间贸易的基地。"为与中国贸易的需要，各国都在澳门设立洋行。据研究，其时英、美、法、荷、西、瑞士、丹麦、普鲁士等国都有领事或商民在澳门生活。

　　正是由于澳门是一个华洋杂居的城市，不同地方的人带着不同的文化思想、不同的职业技艺、不同的风俗习惯，在澳门历史城区内盖房子、建教堂、修马路、筑炮台以至辟建坟场，展开多姿多彩的生活，包括各类文化活动。在这种机遇下，澳门得风气之先，成为中国境内接触近代西方器物与文化最早、最多、最重要的地方，是当时中国接触西方文化的桥头堡。与此同时，居住在澳门的外国人，也以各种方式，向自己的母国介绍在澳门见到的一切中国文化思想与生活习俗。因此，澳门也是一道外国认识中国的门户。

二

　　我国著名学者季羡林先生曾说："在中国五千多年的历史上，文化交流有过几次高潮，最后一次也是最重要的一次，是西方文化的传入。这一次传入的起点，是明末清初；从地域上来说，就是澳门。"季先生的话，给我们认识澳门历史与文化价值一个最恰当的切入点：澳门是中国认识西方文化的桥梁与门户。于2005年被列为中国第31个世界遗产的"澳门历史城区"，是澳门文化遗产的精华所在，是使澳门这个蕞尔之地具世界性历史、文化价值的最重要部分，也是认识澳门之所以为桥梁与门户的关键所系。

　　澳门历史城区范围基本上以原来的"天主圣名之城"为界。它位于澳门半岛中部至西南部一段狭长的地形内，也就是妈阁山、西望洋山与大炮台山之间的范围；还有位于东部的东望洋山上的东望洋炮台，以及位于西面白鸽巢公园前地侧的基督教坟场。这一片不足0.2平方公里的区域，是昔日以葡萄牙人为主的外国人居住的旧城区，覆盖妈阁庙前地、亚婆井前地、岗顶前地、议事亭前地（这几个前地由一条叫"龙嵩街"的主干道贯穿起来）、板樟堂前地、耶稣会纪念广场、白鸽巢前地等七个广场空间，以及妈阁庙、港务局大楼（现海事及水务局大楼）、郑家大屋、圣老楞佐教堂、圣若瑟修院及圣堂、岗顶剧院、何东图书馆、圣奥斯定教堂、民政总署大楼（现市政署大楼）、三街会馆（关帝庙）、仁慈堂大楼、大堂（主教座堂）、卢家大屋、玫瑰堂、大三巴牌坊（天主之母教堂遗址）、哪吒庙、旧城墙遗址、大炮台、圣安多尼教堂、东方基金会会址、基督教坟场、东望洋炮台（含东望洋灯塔及圣母雪地殿圣堂）等超过二十处的历史建筑。也就是说，澳门历史城区以主要街道和公众空间，把澳门的重要历史建筑物连成一片，呈现着海港城市和传统中葡聚居地的一切典型特色，包括中西文化融汇交流的特点。

澳门历史城区的价值首先体现在它有着中国最古老的西式建筑群，也保存着中国历史最悠久的欧洲人聚居地，和亚洲早期贸易港的完整面貌；并有大量独具特色的民间建筑，植根在中国和欧洲、亚洲其他地方的文化土壤上，表现出东西方建筑文化交流的深刻影响。总之，澳门历史城区展现了中国和东西方不同国家在空间结构概念、建筑风格、美学观念、工匠手艺和技术的交融。

其次，由于当时葡萄牙拥有天主教在远东地区传教的所谓"保教权"（Royal Patronage），大部分到中国及亚洲其他地区的传教士都必须经葡萄牙首都里斯本至澳门再转到目的地；再加上1575年，教宗格里高利十三世（Gregary XIII）颁布诏令成立澳门教区，因此，从16世纪中叶以后，澳门一直是天主教传教士在中国以至远东地区传教的基地，涉及耶稣会、圣奥斯定会、圣多明我会、圣方济各会、遣使会等不同天主教修会。所以，今天的澳门历史城区内，圣奥斯定教堂、玫瑰堂均有过去天主教修会会院的遗址；而由大三巴牌坊和大炮台共同构成的圣保禄学院遗址，以及至今仍然保存完整的圣若瑟修道院，更让人怀缅天主教耶稣会在中国传教事业和中西文化交流的辉煌事迹。同时，圣老楞佐教堂、圣若瑟修院圣堂、圣奥斯定教堂、玫瑰堂以及圣安多尼教堂组成中国最古老并且至今仍然运作的天主教教堂群，有超过300年的历史。

至于19世纪传入中国的基督新教，其第一位来华传教士、英国人马礼逊牧师除以澳门为传教基地之外，也葬在澳门基督教坟场内；而历史城区内以在澳门受洗的中国第一位新教徒蔡高命名的中学，亦见证了澳门与基督新教一段深厚的渊源。

第三，从澳门历史城区的空间分布可以看出，这是一个集合多种不同思想信仰、生活习惯的居民生活空间。供奉中国海神的妈祖阁与葡萄牙人航海主保的圣老楞佐教堂相隔咫尺；土生葡人之根的亚婆井前地旁边坐落着中国近代著名思想家郑观应的家族大宅；圣若瑟修院则是专为培养中国修士而设的神学院；岗顶前地上有葡人"大会堂"的岗顶剧院，也有香港富绅何东的旧居；至于议事亭前地，除至今还是澳门华洋市民欢庆集会的中心广场外，其周围既有中国商人聚会交流的三街会馆（关帝庙），也有葡人的慈善机构仁慈堂；与美丽的玫瑰堂相邻的是澳门华人最早的市集营地街市；不远处，中国富商大宅卢家大屋则与天主教主教座堂（大堂）垂直而立；与巍峨的大三巴牌坊并峙的是精致小巧的哪吒庙；东望洋炮台的圣母雪地殿教堂则有着结合西式内容中式图案的壁画——总之，中西兼融、相互尊重，正是澳门历史城区的特点。

第四，澳门历史城区包括妈阁庙前地、亚婆井前地、岗顶前地、议事亭前地、板樟堂前地、耶稣会纪念广场、白鸽巢前地，构成一组完整的空间组合，东西兼备，连贯紧凑，错落有致。当中，以议事亭前地、板樟堂前地、营地街市三位一体而形成的空间综合体最为独特，具有明显的南欧中世纪城市中心空间的特征，就是政治、商业、宗教三位一体，是整个城市的心脏地带，其空间的南欧色彩为亚洲城市中独一无二的。如果注意到高楼大厦已经湮没了具有相同历史与建筑风格的许多其他东方城市，澳门保存历史与文化的成果就显得难能可贵。

当然，最重要的是在这些小区里生活的人，他们依然保存着各自独特的传统。每年，中国的妈祖诞、哪吒诞、土地诞、观音诞，吸引着成千上万信众去庆祝；而天主教的苦难耶稣像巡游、花地玛圣母巡游，也一如过去几百年的传统继续举办。至于像中国春节、端午节、中秋节和西方的复活节、圣诞节，更成为法定假期，阖澳市民不分种族与信仰，共同欢度这些节日。

总而言之，澳门历史城区保存了澳门四百多年中西文化交流的历史精髓。它是中国境内现存年代最远、规模最大、保存最完整和最集中，以西式建筑为主、中西建筑互相辉映的历史城区；是西方宗教文化在中国和远东地区传播历史重要的见证；更是四百多年来中西文化交流互补、多元共存的结晶。

也因此，我们可以概括说，以"天主圣名之城"为主体的澳门历史城区，见证了西方文化与中国文化的碰撞与对话，证明了中国文化永不衰败的生命力及其开放性和包容性，以及中西两种相异文化和平共存的可能性。

澳门历史建筑文化解码

辑一　澳门历史城区

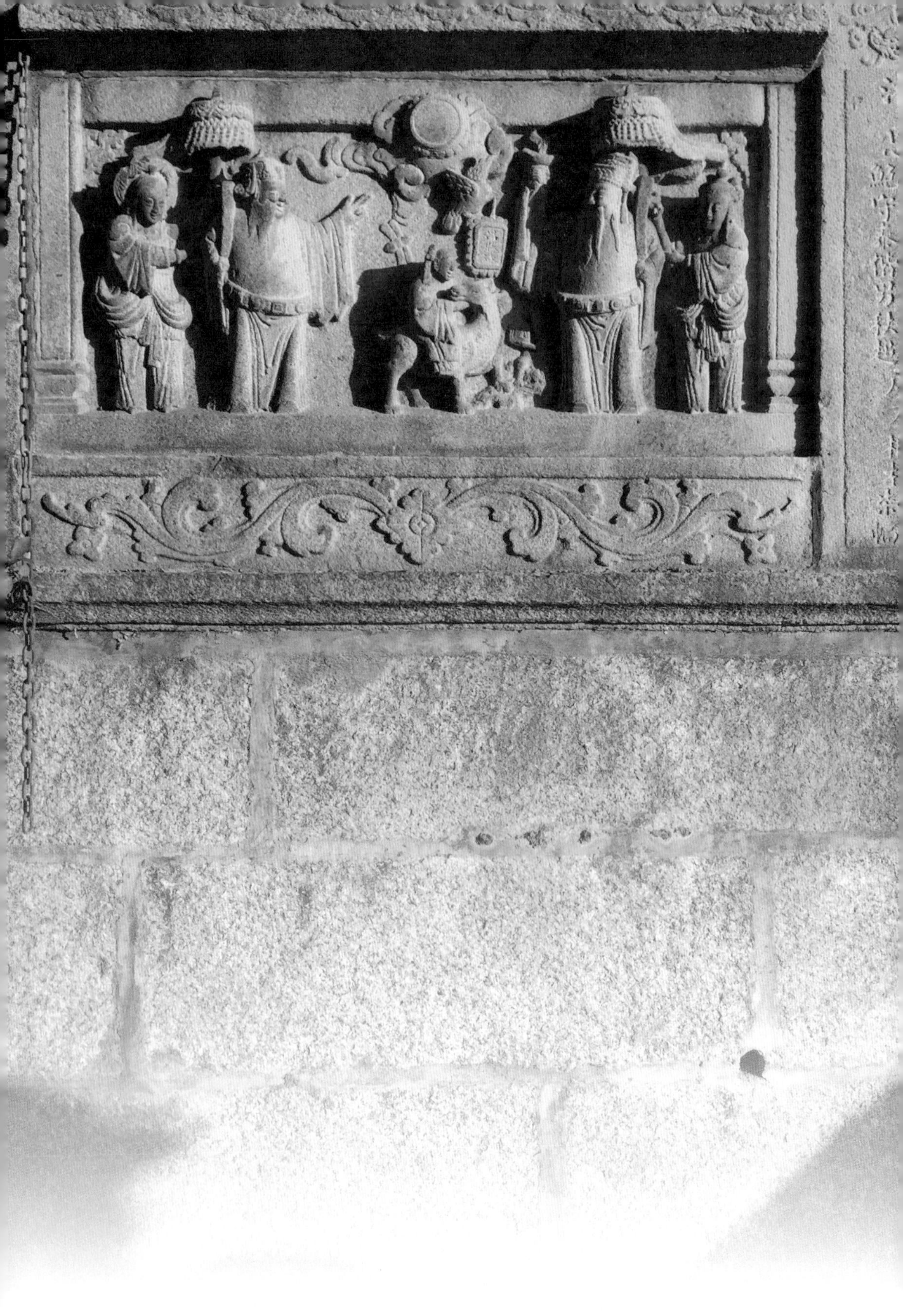

一 妈祖阁（妈阁庙）

你不一定知道的妈阁庙

知道澳门的人，几乎都知道妈阁庙；到过澳门的人，也几乎都到过妈阁庙。

对许多澳门市民或游客来说，妈阁庙是那么亲切、熟悉。从澳门Macau这个名称的来源，到妈阁庙的创庙传说，再到"洋船石"，每一个人仿佛都有一段自己的妈阁庙"故仔"（故事）。

然而，有些东西是"似近还远"的，在你熟悉的妈阁庙砖瓦梁石之间，可能有些东西是你匆匆而过没留意到的……

妈祖阁全景（陈显耀摄）

创建历程

妈阁庙早期称娘妈庙、天妃庙或海觉寺；后定名"妈祖阁"，华人俗称"妈阁庙"。

今天的妈阁庙建筑群，包括"神山第一"殿、正觉禅林、弘仁殿、观音阁等。妈阁庙的创建年份，至今未有定论；但大部分学者都肯定在葡萄牙人定居澳门前，此处已有供奉妈祖神像。从1751年完稿的《澳门记略》里的《娘妈角图》可见，其山门额名为"天妃庙"，且整个建筑群已基本齐全，包括靠近正觉禅林之洋船石。其中"神山第一"殿创建于1605年，是庙中可考最早的建筑。

整个建筑群于道光八年（1828年）进行重修，包括立弘仁殿内石龛、石门；重修观音阁、正觉禅林；重修石围栏；立山门等，建筑大为完善。至同治十三年（1874年）及光绪元年（1875年），妈阁庙两遭台风破坏，建筑物受损，经两年重修扩建后，奠定今天的模样。

商人兴建"神山第一"

当各位走进妈阁庙大门，经过牌坊，进入的第一座建筑，便是"神山第一"殿了。这座殿原先是亭子，后来在道光八年（1828年）重修时，才在四周筑起墙壁，将其与后面的神龛连成一体。

许多人进了庙，只想着烧香拜神，并没有怎样去留意建筑物的细节，这样其实会错失掉一些历史发现的。

比如这"神山第一"殿，各位进到殿门口，只要稍稍向上抬一抬头，就会发现殿门石横梁上原来刻有前后两组字的，分别是："明万历（歷）乙巳德字街众商建，崇祯己巳年怀德二街重修"，及"大清道光八年岁次戊子仲夏重修"。这一组字，显示了妈阁庙修建的历史及早年澳门城市发展的情况。

其中，"万历（歷）"即是明朝的万历（曆）年间，因清朝皇帝乾隆名弘历（曆），清人为避讳，于是将"历（曆）"字写成"历（歷）"。万历乙巳年即万历三十三年（1605年），崇祯己巳年即崇祯二年（1629年）。至于"德字街"及后面的"怀德二街"，就是澳门最早的街名。据史料记载，随着葡人入住澳门的人数增加，中国官方将其聚居的一条十字大街，以"畏威怀德"四字来分别命名，即畏字街、威字街、怀字街、德字街，组成四个街区。这些街区本是外国人聚居的，后来陆续有许多中国人迁入。

从上述石刻可知，妈阁庙的这座"神山第一"殿，是1605年时由德字街的商人出资兴建，到1629年时再由怀字、德字两街商户合资重修；其后一直到清朝道光八年（1828年）又重修，形成今天的面貌。

这段石刻铭文是澳门非常珍贵的历史资料。它证明妈阁庙最迟于1605年便有祭

妈祖阁依山建多座小庙宇（陈显耀摄）

祀建筑物，而"神山第一"殿也是澳门现存文物建筑中，有实物可证的最古老且保存完整的建筑物。澳门大三巴牌坊现存一块天主之母教堂的奠基石，是1602年的，但可惜该教堂已被烧毁，只剩立面石壁。

中国官方参与

"神山第一"殿的里面，是一座供奉着妈祖像的石龛。表面看，这与一般的神殿无异。其实，在石龛的后面还有些石刻文字的，不过一般游客进不了里边，因此

妈祖阁"神山第一"殿石梁下有刻字记录修建年份

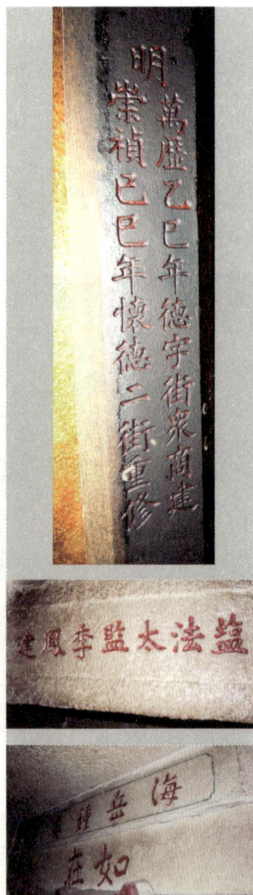

石龛背后石壁上的文字

也看不到的。

这些石刻文字是1996年时由学者谭世宝教授撰文对外披露的，后来笔者由于工作的原因，也曾进入过里面拍了些照片。

石龛背后靠顶部的石壁上，分别刻有三行字，最顶一行是"钦差总督广东珠池市舶税务兼管盐法太监李凤建"，其下是"海岳钟英"，再其下是"如在"。由最顶一行文字可知，中国官方参与了妈阁庙初期的修建工作。

李凤是明万历朝的太监，于万历二十七年（1599年）至万历四十一年（1613年）期间专责广东地区的税收工作。市舶税务就是向外国来华贸易的船只抽取税项。作为当时中外贸易主要的港口之一，澳门妈阁庙附近也设有相关的税务机构。

据学者研究，李凤在广东期间，贪赃枉法，胡作非为，史料记载说是"穷天际地、搜刮靡遗"。据载他曾经亲自来过澳门，向当时也有经营海外贸易的圣保禄学院神职人员索要巨款，双方曾经发生武力冲突。

妈阁庙内有两块洋船石，应以向街第一块为最古老，后面的那块是后人复制的。"洋船"应指出洋船只，这种用于出洋远航贸易的船，广东人称为"大眼鸡"。清张心泰《粤游小志》称："东省居民近海者多与番狎，往外国贸易，海船刻巨目两，骇鱼龙，禁其作祟，俗呼为'大眼鸡'。"又，石上刻有"利涉大川"四字，出自《易经》卦辞，可理解为"适宜出洋"，以往远洋船上都挂着这四个字的幡旗，以示吉利。

洋船石

洋人的妈阁庙传说

关于妈阁庙的由来，澳门华人有许多传说，比如妈阁庙内的《重修妈祖阁碑志》就记载说：相传有福建的客商来澳门，妈祖化身做凡人，一同乘船前来；奇怪的是，那艘船竟然一夜之间就走了数千里。抵达澳门，登岸之后，在今天妈阁庙的位置，妈祖突然之间不见了。人们因为这种圣迹，就在该处建庙祭祀。

此外，又有《香山濠镜澳妈祖阁温陵泉敬堂碑记》里边的另一个传说：

相传明朝的时候，有一位老妇从福建驾驶船只，一夜之间就到了澳门，化身在妈阁庙的位置。在澳门的福建、潮州商人，就为她塑像立庙，并且画了那艘船的形貌，刻在石头上纪念（即今洋船石）。

入门牌坊

经此门洞上后山

对这些传说，相信许多读者都耳熟能详了。可是，原来在外国人的圈子里，也有关于妈阁庙的创庙传说的。

清末著名的英文报刊《中国丛报》（*Chinese Repository*）1840年10月（第9卷第6期）里，便有一则故事这样说：

阿妈阁（按：应是地方名）的庙宇是一座古建筑。在明朝万历年间，这里来了一艘来自福建泉州府供奉着女神妈祖的船。由于遇到不幸的事，它失去了控制，被不可阻挡的风浪冲到这里来了。除一名供奉该神的水手外，船上的人都死了。他怀抱神像，决心保护它，终于获得神力的报答，免于死难。当风暴平静后，他随着船漂到澳门安全地登陆，将神像带到阿妈阁，把它好好地安置在一块大岩石的基座上。这里是他所找到的最好庙宇。

大约五十年后，到了天启年间，有一位著名天象学家，……发现广东省的一口水塘里面有许多名贵的、耀眼的珍珠。据此，他奏明皇帝，建议派人去取回。皇帝陛下利用这条重要的信息，派出一名可靠的仆人前去搜寻这一美妙的水塘。当到达澳门在阿妈阁村时，女神在梦中出现在皇家信使之前，通知他要寻找的地方，在高州的合浦。他到了那个地方，得到了几千颗最好的珍珠。出于对神秘暗示的感激，他在阿妈阁建了一座庙，以供奉向他提供暗示的人。（录自《鸦片战争后澳门社会纪实》）

这则故事，在强调妈祖的神力之外，更加插了丰富的情节转折，简直可以当成极短篇小说来读了。

埃及尔拍摄的妈祖阁照片
（法国摄影博物馆藏）

深度解码（二）

中国第一道摄影风景

众所周知，摄影术是以1839年8月19日法国政府宣布放弃银版摄影术的专利，并公之于世而起始的。可是，有谁知道中国第一道被摄进镜头的风景是什么吗？

答案就是我们澳门的妈阁庙。这项成就，要归功于法国人埃及尔（Jules Itier，1802—1877）。

埃及尔是法国海关职员，爱好摄影。1843年，他被任命为法国海关总检查官，陪同法国特使拉萼尼（Lagrene De Theodore）出使中国。翌年8月，埃及尔他们到了中国的第一站——澳门，在妈阁庙附近的海边登岸。

埃及尔在澳门共拍了六张照片，比如南湾的风光就进入了他的镜头。在妈阁庙前，埃及尔拍摄了两张照片。一张是从左边角度拍摄的妈阁庙正门（如图），庙门顶挂着一条写有"天上圣母"的布条，又有一个戴着大斗笠、僧人模样的人站在门口石阶旁；另一张是正觉禅林向街大圆窗那一面的外貌。两张照片都是当年10月所拍的。

法国摄影博物馆现存37张埃及尔在中国拍摄的照片，分成三部分；第一部分就是澳门，而按其编号，排第一张的便是妈阁庙正门的那张；因此，妈阁庙有可能是第一道进入摄影镜头的中国风景。

据介绍，中国摄影大师郎静山1981年访问法国时，法国摄影博物馆馆长便曾将埃及尔所拍的正觉禅林侧面那张照片的复制品送给他，以示纪念。有兴趣的读者，可以到访法国摄影博物馆的网站，上面就有这两张妈阁庙照片。

可以一提的是，埃及尔是陪同法国使臣来中国谈判不平等条约的，其后双方在停泊于广州黄埔的法国军舰上签字，史称《中法黄埔条约》，但其实该约的谈判与拟订过程，均是在澳门进行。

深度解码（三）

妈阁庙的潘仕成诗

前文介绍法国人埃及尔于1844年拍摄的妈阁庙照片，可能是中国第一道进入镜头的风景。其实，埃及尔除风景外，还拍摄了许多人像。其中有两位与妈阁庙也有些关联。

众所周知，妈阁庙里有许多诗文石刻，其中在观音阁底下刻有一首著名的诗：

"欹石如伏虎，奔涛有怒龙。偶携一尊酒，来听数声钟。"后面有几行字说："甲辰仲夏，随侍宫保耆介春制军于役澳门。偶偕黄石琴方伯，暨诸君子，同游妈

刻于后山上的潘仕成诗

阁，题此。贲隅潘仕成。"

写这首诗的人叫潘仕成，是广州著名的富商。1844年，他以"布政使衔即选道"的身份，先后两次陪同两广总督耆英（即诗中的"耆介春"，介春是耆英的字）来澳处理对外不平等条约谈判事宜。第一次是中美《望厦条约》，妈阁庙的这首诗便是条约签完后，他们到妈阁庙游玩时写的。第二次便是接待埃及尔为成员的法国使团。由于这个关系，埃及尔认识了耆英及潘仕成。中法双方于广州黄埔的军舰上签订条约，埃及尔为双方官员留影，因此耆英也入了镜。

埃及尔在广州期间，曾到潘仕成的"海山仙馆"做客。"海山仙馆"是园林建筑，以"海上神山，仙人旧馆"一联而得名，是当时广州的名园，有"蓬岛仙山"之誉，座上客皆是达官贵人、文人雅士。

埃及尔于11月21日的日记说："刚与潘仕成一家度过一天。我随身携带的银版相机使他全家兴奋惊叹不已。"埃及尔不仅拍下"海山仙馆"的景色，也为潘家的人留了影。

说回潘仕成那首诗，写得悠闲舒适，一点刚签下不平等条约的沮丧劲儿都没有，澳门文史名家李鹏翥先生批评说"难得他将耻辱忘得如此干净"，一矢中的。那首诗旁边刻有与他同行的黄恩彤（即黄石琴）写的四句："苍山峨峨，碧海回波。仗我佛力，除一切魔。"这首就像样得多了。

二 海事及水务局大楼（原摩尔兵营旧址）

设计独特的海事及水务局大楼

参观过澳门名胜妈阁庙的游人，请不要吝啬你的脚力，不妨向庙左方的小街走去，再向右走上一条叫"万里长城"的斜路，不远处，你就会迎来一座深具异国风情的大楼——海事及水务局大楼。

创建历程

这座建筑现为特区政府海事及水务局办公大楼，最早其实是一座专供来澳服务的摩尔人警察驻扎的营房。

澳门很早就有非葡籍的警察。据《澳门保安部队》一书透露，早在1784年，澳门便有一营为数150人的印度警察，负责治安管理和其他警务工作。到了1873年6月27日，在S. Januario子爵的安排下，41名摩尔人（葡文Mouros，英文Moors）从当时葡属殖民地果阿（Goa）来到澳门，服务于警察厅。

为了让这班摩尔人警察有安身之所，政府修建了一座兵营，于1874年8月9日落成启用，人们称为"摩尔兵营"（Quartel dos Mouros）。到1905年，兵营里的警察厅摩尔人支队迁出，改做港务局和水上警察的办公地方。其时，由于华人叫水警为"水师巡捕"，故又将摩尔人兵营称为"水师厂"，这是老一辈澳门居民都知道的。

所谓水警，即水上警察，于1868年成立，原隶属于港务局。至1975年，澳门保安部队成立，并成立水警稽查队，由保安部队统一指挥。2001年11月6日，水警稽查队易名为澳门海关，另设办公大楼。

富有伊斯兰风格的大楼外貌，长廊上开了 19 个尖拱窗

摩尔兵营（1880 年）（澳门档案馆藏）　　　　　　　　　　内部展厅

港务局的历史可追溯至1822年。其时，因有许多欧洲来的船员经常聚众生事（尤其在夜间），故此澳葡政府决定成立港务局，以管理海上贸易事务，所有船只的船长均须服从港务局局长的指挥。2013年7月18日，港务局改组为海事及水务局。

谁是摩尔人

所谓摩尔人，原本是指中世纪伊比利亚半岛（今西班牙和葡萄牙）和西非一带的穆斯林居民，后来被欧洲人用作泛称穆斯林、北非人、阿拉伯人、波斯人或印度人。因此摩尔人并非一个种族的统称。摩尔（Moor）一词相信是来自希腊文"mauros"，意思是"黑"（black）或深黑（very dark）。上述来到澳门的摩尔人，当是信奉伊斯兰教的印度穆斯林。

澳葡政府其后应该征募了更多的摩尔人来澳。1895年的《政府宪报》公布，将炮兵连及警卫队撤销，将其改编为两个作战连，其中第二连便有8个摩尔人为一等伍长，80人为士兵，可见当时澳门有一定数量的摩尔人。

优雅的长廊

可能为了体现摩尔人的伊斯兰教信仰，建筑师在设计营房时，特意将伊斯兰建筑的尖拱"洋葱头"和几何图案等元素融入其中。可惜，兵营落成没多久，便碰上澳门史上著名的"甲戌风灾"，兵营亦遭损毁，需要重修。值得高兴的是，重修后的大楼仍然保留原有建筑特色。

由于大楼为政府机关办公地方，因此只开放外面长廊及中间大厅供公众参观。虽然只有这么小的范围，可是笔者仍然认为必须到此一游，因为光是那条长约百米的长廊，已足以叫人屏住呼吸，"惊为天人"。澳门文物建筑中，西式大楼不少，但有如此优雅长廊的，只有海事及水务局大楼这一家。尤其是当夕阳斜照时，一道

优雅的长廊

顶部为垛堞式方尖形装饰

洋葱形尖拱，以三叶饰做间隔

道的阴影投到过道上，在长廊上漫步，穿梭于光影之间，伴随凉风轻拂，其轻松写意的悠闲，非置身其间，不足以体会。

深度解码（四）

著名建筑设计师小梅洛

摩尔兵营的设计师，一般资料都介绍说是一位叫卡苏索（Cassuso）的意大利建筑师。2018年，澳门建筑师吕泽强撰文，根据当年《澳门省宪报》的记录，考证出其设计者应是塞卡尔男爵（Barão de Cercal，又译畬加利男爵）小梅洛。吕泽强介绍说，塞卡尔男爵于设计摩尔兵营时，参考了印度一座伊斯兰建筑的遗迹，故此大楼带有英国"新印度风格"的影子。

根据汤开建教授等主编《澳门编年史》的资料，男爵名叫安东尼奥·梅洛（António Alexandrino de Melo，1837—1885），是澳门著名的梅洛（Melo）家族后人，人称小梅洛。梅洛家族是19世纪澳门最富有的家族之一，拥有五艘远洋贸易船只；当时澳门最豪华的两座建筑"南湾别墅"（前澳督府，现特区政府总部）和

小梅洛

"圣珊泽宫"（前澳督官邸，现特区政府礼宾府）均为其物业。小梅洛的父亲Alexandrino António de Melo于1851年被葡萄牙王室授予塞卡尔（Cerca）男爵封号，以"表彰其为国家及上帝圣名之城澳门做出的贡献"；1867年又被升为子爵。

小梅洛是家族第四代，1837年6月7日生于风顺堂区，早年在瑞士的耶稣会学校读书，后又分别在法国和罗马学习绘画和制图，返回澳门后，主要从事工程设计。他极具语言天赋，除中文外，还精通法文、英文、意大利文和西班牙文。他是澳门最富有的商人，1863年被授予第二世塞卡尔男爵头衔，1867年被授予王室贵族头衔。他曾任多国驻澳门领事，还曾任澳门政府委员会委员、地区代理法官、公共工程技术委员会委员、仁慈堂主席和陆军中校。本身是工程师的他，还参与多座著名建筑的设计。据吕泽强介绍，其作品包括：总督府（现特区政府总部）的改建方案、圣珊泽宫、圣美基（坟场）小教堂、摩尔兵营、陆军俱乐部、岗顶剧院立面设计，以及与加华路上尉（Dias de Carvalho）合作设计仁伯爵军人医院。

小梅洛参与改建的澳督府（约 1905 年）（澳门档案馆藏）

三 郑家大屋

不仅仅是名人故居

　　位于亚婆井龙头左巷的郑家大屋，在澳门几乎无人不识。自澳门特区政府成立，郑家大屋便一直是市民谈论的话题，从政府接收到维修恢复，大众的眼光始终关注着这座庭院深深的大宅。可以说，回归头十年，亦是郑家大屋从破旧到重生的十年。由于郑家大屋是世界遗产，其修复及再利用，必须严格遵守世界遗产委员会的相关规定，因此特区政府从2001年接收郑家大屋开始，经过8年的专家规划和专业维修，在澳门庆祝回归十周年之际，终于传来好消息：郑家大屋已完成修复工程！

郑家大屋主体部分（陈显耀摄）

郑观应及《盛世危言》

郑家大屋的知名，乃因它是中国近代实业家和思想家郑观应家族的故居，最重要的是，据说郑家大屋乃是郑观应编辑其传世巨著《盛世危言》的地方。

郑观应，本名张应，又名官应，字正翔，号陶斋，又号杞忧生，别号罗浮偫鹤山人、待鹤老人等，广东香山县（今中山市）雍陌乡人。关于郑观应的生卒年，据澳门博物馆陈丽莲女士考订，其出生年应是道光二十二年六月十七日，即1842年7月24日；于民国十年五月初九日在上海去世，即1921年6月14日。

介绍郑观应生平的展宣

大屋之间的过道

郑观应早岁考科举不第，便奉父命到上海投靠叔父，进入洋行工作，其后历任太古轮船公司总理、中国电报局总董、轮船招商局总办、开平煤矿局粤局总办等职位，有丰富的洋务经验。又曾受政府委托，前赴东南亚了解敌情。终郑观应一生，他都以国事为念，适逢清末朝廷积弱，更令他孜孜不倦地思考强国致富的良方。其一生最重要的著作《盛世危言》，则从政治、经济、教育、舆论、司法等方面，提出改造中国社会的方案。

《盛世危言》于1894年正式出版后，当即受到各方重视，连光绪皇帝亦"饬总署刷印二千部，分散臣工阅看"；晚清名臣张之洞称赞此书谓"上而以此辅世，可为良药之方；下而以此储才，可作金针之度"。斯诺在《红星照耀中国》（*Red Star over China*）中引用毛泽东回忆说："《盛世危言》继续动引我求学的欲望，我开始厌恨我在田里的工作。"由此可见《盛世危言》一书对当代思潮的影响是如何巨大。

郑观应一生大部分时间都是在上海度过，但代表作《盛世危言》是在澳门辑著完成的。1885年，郑观应因为保举的人欠太古洋行四万余元，途经香港时被太古洋行拘留起来，到翌年才"脱累归里，杜门养疴"。据夏东元教授编订的《郑观应年谱》可知，从1886年起至1890年，郑观应一直居于澳门，从事《盛世危言》的辑著工作。即使增补编辑的《盛世危言后编》，也是郑观应于1907年至1908年间在澳门整理的。

大屋兴建

郑家是香山雍陌人氏，其地与澳门非常接近。据汤开建教授考证，郑观应父亲郑文瑞1853年从上海返回香山后，郑氏家族大约于1854年至1866年间移居澳门；移居澳门后，即以"郑余庆堂"为其商号名，从事商业活动，并投入到澳门的各项慈善公益事业中。

郑观应父亲郑文瑞居住的祖屋

同治七年（1868年）的"余庆"大匾，"余庆"出自《易经》
"积善之家，必有余庆"，体现郑家行善为乐的家风

郑家大屋始建于何时，未见有记载。郑观应《题澳门新居》诗自注云："先荣禄公（即其父）梦神人指一地曰：此处筑居室最吉。后至龙头井，适符梦中所见，因构新居。"神仙吉地，善颂善祷，但没有说明建筑年份。目前，郑家大屋"余庆"堂悬挂的"余庆"大匾，系同治七年（1868年）由黄玉廷所书；厅中两副对联，亦是同治八年（1869年）所书。据此，可以推断大屋的筹建年份应不迟于1868年。至于落成年份，据澳门博物馆藏郑文瑞临终前字据所述："于同治十二年、公历一千八百七十二年正，代三男正元起造楼房一，计二座二进，共支总工料银七千三百六十元。……右边祖屋公用，左边楼屋系二男正翔起造，归二男管业。"则郑家大屋可能于1872年落成，而且肯定已建有祖屋、二男（郑观应）和三男（郑曜东）的三座大屋。

郑观应在《待鹤老人遗嘱》中有"陆续资助先严建造澳门龙头井之屋兼置祭产"句，可知郑家大屋系由郑观应及其弟出资，由其父代为筹建的。郑观应《题澳门新居》描述其大屋是"群山环抱水朝宗，云影波光满目浓"，又说"三面云山一面楼，帆樯出没绕青洲"。其时大屋前临内港，后靠西望洋山，因此大宅内祖屋有一对门联云"前迎镜海，后枕莲峰"，说的正是当时形胜。

大屋新貌

今天，由龙头左巷大门进入大宅，入眼便是爬满植物的照壁，左边是座两层大楼，可能是当年下人的居所。经过圆形拱门，便是一列长长的"轿道"，当年客人乘轿至此，便得下轿步入宅内。与轿道一墙之隔的，是个偌大的花园，种了三棵杨桃树，至今仍有结果。轿道的尽头是一道门廊，上面挂着一块书有"荣禄第"的大匾，"荣禄"系朝廷赐予郑文瑞的荣誉封号。过了"荣禄第"匾，便见到一块"崇德厚施"匾，乃系当年山西巡抚曾国荃为感谢郑家为山西旱灾出力筹款赈济而特意赠送的。这两块匾均是仿制品，原件藏于澳门博物馆。

轿道，尽头有"留月"两字的墙饰

别具风格的中式庭院

仿制的曾国荃赠"崇德厚施"匾，原件藏于澳门博物馆

祖屋二楼大厅余庆堂

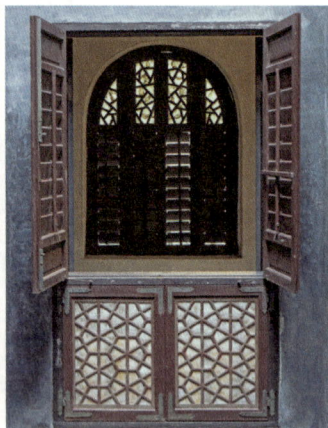

用蚝壳砌成的窗棂，充满岭南特色

　　过了这道门，只见三座楼房呈相反的L字形列开，前院种有一棵莲雾树，树下是石桌石凳，石桌旁尚存一口井。往前行，右边一道门进入豁然是一座小花园，于此可欣赏郑家大宅中西合璧的建筑风格，西式百叶窗和中式蚝壳窗共冶一炉。前院正中是郑家祖屋，大门顶挂着"通奉第"大匾，下面便是"前迎镜海，后枕莲峰"对联。整座祖屋高二层，前后两进，中间隔着天井；后进的二楼上更有一阁楼，通前进的天台。进入二楼，是祖屋大厅，正中挂着"余庆"两字大匾，地上列着桌椅，这里应该是当年家族团聚、春秋祭祀的地方。与祖屋相连的是郑观应之弟郑曜东（即三男）的大屋；前院的最尽头，与祖屋和三房成曲尺形的、上书"日月光华"的大楼，便属郑观应这一房了。

　　整座大屋，给人一种小康之家的感觉，屋内不见特别豪华浮艳的装饰，这种风格恰能体现郑家乐善好施、勤俭持家的家风。

（四） 圣老楞佐堂

光彩魅力　艺术瑰宝

位于风信堂街、特区政府总部后面的圣老楞佐堂，如果不是澳门最宏伟的教堂，那肯定是最绿意盎然的教堂。

创建历程

圣老楞佐教堂与望德堂、圣安多尼堂（花王堂）并列澳门三大古老教堂。教堂在葡人定居澳门后不久的1559年左右就已创建；到1576年，已有文献记载谓该堂有神父在内服务。

像澳门其他古教堂一样，圣老楞佐堂也经过多次重修、改建才形成今天的面貌。早期的修葺年份包括1618年、1768年两次，后者更是由当时的市政厅出资的；19世纪后，也曾多次修葺扩展，至1994年，形成教堂现况。

宽大的教堂

圣母像祭坛

早年，圣老楞佐堂前有显示风向的旗杆，中国人将之称为"风讯堂"，后来以谐音称为"风信堂"，暗寓风调雨顺之意。中文古籍《澳门纪略》记载说澳门"西南则有风信庙，蕃舶既出，室人日跂（音企，即跂起脚，此处为企盼的意思）其归，祈风信于此"。说的是葡人出海贸易后，妻子每天都盼望他早日归航，纷纷到圣老楞佐堂祈祷，祈求圣人保佑海上风调雨顺，丈夫平安归来；又天天到教堂的高台前跂起脚，望向教堂下的南环海面，企盼得见远人归航的帆影。此情此景，直教人想到中国古诗词中"想佳人、妆楼颙望，误几回、天际识归舟"的意境了。所以，传统上圣老楞佐是贫苦人家的主保，在澳门却也成了海上贸易商人的保佑圣人。

暗香浮动

参观圣老楞佐堂，首先会被其高大恢宏的外貌所震慑。教堂所在，本已处在小山冈上；建设者更不惜夯土垒石，把教堂筑在高台之上，要由两旁石梯拾级而进。

筑在高台上的教堂巍峨挺立（陈显耀摄）

从街上望教堂，只觉其分立左右的两座钟楼，仿似插入云霄的巨杆，视觉效果非常震撼。教堂下临南湾海面，又位于高处，在没有高楼建筑阻隔视线的早年，正是远眺归航的好地方；风信堂前，曾流下几许思妇的眼泪，亦留下不少黯然的喟叹，伴随着教堂钟声，悠然回荡于远处南湾的日落晚霞之间……

上到教堂所在的平台，映入眼帘的，除了巍峨的教堂主体外，便是满园的绿意，茵茵然于四周宽阔的广场上。因着占地面积广阔的有利条件，加上主事者的有意栽培，圣老楞佐堂应是澳门众多教堂中绿化做得最好的圣堂；教堂四周遍植绿树红花，树影婆娑、花团锦簇；其右侧的花圃，俨然是个迷你植物园，暗香浮动，春意撩人。

进入教堂，更觉其体量阔大，光照明亮。原来，圣堂所在的地区，昔日是高级住宅区，达官贵人、绅商名流大多居于这里，因此教堂的捐献收入也较多，故能将教堂建设得宏伟宽敞，气势慑人了。

彩色玻璃窗透出迷离彩光

奇幻光影

如果说，澳门的玫瑰堂与圣若瑟修院圣堂以其瑰丽的巴洛克装饰，让参观者觉得它们仿似娇俏的丽人的话，那么，圣老楞佐堂便以其简洁明快的宽宏体量让人觉得它是胸襟磊落的英俊美男子。进入教堂，除了它的阔，便是它的光亮；一束束阳光透过两侧多个气窗口射入，在地上、排椅上、墙上，投

教堂内的光影

精美的"耶稣十四苦路"木雕

下一圈圈晃眼的光团，煞是好看；即使没有灯照，整个教堂仍然让人感到光明透亮，心旷神怡，这是其他教堂少见的。

当然，阳光在教堂内最神奇的一笔，便是从两旁绘有圣画的彩色玻璃窗透出来的光影，恰似天堂投来的迷离彩光，让身处其中的参观者，不论是否教徒，都感觉到造物的神妙与奇幻。因此，若要感受圣堂真正的光彩魅力，建议你找个阳光明媚的日子来访。

既然说圣老楞佐堂是个英俊美男子，它的丰采当然不止于几道彩色玻璃窗。圣老楞佐堂的俊美，在于其精细处。首先，便是其环饰于教堂两侧的"耶稣十四苦路"木雕。"耶稣十四苦路"是十四幅描述耶稣由被审到受刑致死的场景，许多圣堂里都有图画或雕刻装饰，挂在堂内两侧，供教徒崇敬。圣老楞佐堂内的十四幅苦路木雕，是笔者所见澳门教堂内最大、雕工最精美的，堪称澳门天主教艺术品的杰作，游人到此不能不细心欣赏。圣堂内另一俊美处，便是两侧小堂祭坛下的石雕，亦是澳门其他教堂不常见的。像左侧耶稣圣心堂内祭坛下雕的便是《最后的晚餐》，其雕工细致，栩栩如生，亦是艺术佳作。

深度解码（五）

圣老楞佐的传说

圣老楞佐（Saint Lawrence，约225—258）是天主教会广为崇敬的圣人之一。

公元257年，圣思道二世（Pope Saint Sixtus Ⅱ）成为罗马主教，并任命老楞佐为教堂执事，负责掌管教会财产（包括经书），以及照顾穷人。由于掌管教会财产文件，圣老楞佐因此被视为图书馆管理员的主保圣人；又由于他关照穷人，因此也是贫苦之人的主保。

供奉圣老楞佐的主祭坛

圣老楞佐像

其时，罗马皇帝瓦莱瑞安（Valerian）压迫基督徒，到处逮捕及残害他们。他把圣思道二世投入监狱，并将其斩头处死。圣思道二世死后，罗马地方官要求老楞佐交出教会财产，老楞佐要求给予三天时间去准备。翌日，老楞佐将所有教会财产都散发给穷人。到第三天，老楞佐带了一班贫穷和身体有残疾的人到那个罗马地方官面前，对他说："这些就是教会真正的财富！"老楞佐因此被捕，并被处死。

据说，老楞佐是被用火烤烙而死的，但他视死如归，不但镇静如常，还对着行刑的人说："我这边已经烤熟了，如果你们想烤得好，是时候转到另一边了！"

传统天主教会里的圣老楞佐圣像，一般是个没有胡子的年轻人，身穿执事服饰，一手拿着经书（有时候是钱袋），另一手拿着铁烤架（他的刑具）。圣老楞佐堂内主祭坛正中的圣像，正是如此模样。

深度解码（六）

钱纳利与风信堂

谈圣老楞佐堂，必须提一下钱纳利这位与澳门渊源深厚的大画家。

在圣老楞佐教堂后面有一条斜斜的"千年利街"（街头有家麦当劳）。乍一看"千年利"之名，你以为这是个中国人取的吉祥街名，但一看其葡文街名Rua George Chinnery，才知道这个"千年利"就是钱纳利，George Chinnery是其英文原名；"千年利街"是澳葡政府为纪念钱纳利而命名的。钱纳利在澳门的27年间，就是住在这条街旁边的鹅眉街，其街坊邻居包括著名的首位来华基督新教传教士马礼逊（Robert Morrison，1782—1834），他们两人是好友。

钱纳利何许人也？

他是个英国画家。1825年，51岁的他为逃避厌恶的妻子和巨额债务，从印度加尔各答来到澳门，从此有家忘归，长留濠江，终老于斯；1852年病逝于澳门，葬在白鸽巢公园旁的基督教坟场内。

其时，在以澳门为中心的外国人小区里，钱纳利的大名几乎无人不识，因为他是远东最负盛名的画家之一；许多富绅名流，专门约请钱纳利替其作画像，以便寄回给大洋彼岸的亲人；当中包括怡和洋行（Jardine Matheson & Co.）的创办人查甸（William Jardine）和马地臣（James Matheson），以及翻译全本中文《圣经》的著名传教士马礼逊。

钱纳利对澳门来说，更是意义非凡。因为在逗留濠江的27年间，钱纳利逛遍澳门大街小巷、内外港口，用画笔精确地记录了19世纪上半叶澳门的民生风情、城市面貌；他的笔下，有贵妇渔女、富商名人、婴孩小贩、土生葡人，更有大量澳门教堂、街道及海岸的风景画。在摄影术还未发明的时代，钱纳利的画作是研究澳门历史最生动直观的证据。

因利就便的关系，在钱纳利住家附近的圣老楞佐堂（风顺堂）及其周遭的街景，常常成为他的题材，留下了多幅画作。在这些画中，最瞩目的便是教堂底下风顺堂街上的一口公用水井，钱纳利细致地描绘人们取水的姿态，最特别的是从教堂高台上伸出的一座木搭辘轮，有趣非常。当年这一区是高级住宅区，这口井是供贫困居民用的。今天，这口井已荡然无存了。不过，画面中醒目地竖立着的十字石柱，至今依然掩映于教堂的树影之间。

五 圣若瑟修院教堂（小三巴）

深藏澳门老街的珍珠

澳门有两座由耶稣会士开办用以培训传教人才的修院。一座是大名鼎鼎的、俗称"大三巴"的圣保禄学院，另一座就是俗称"小三巴"的圣若瑟修院。

今天，圣保禄学院已成为历史名词，仅剩下其附属教堂（天主之母教堂）的前壁，像一道牌坊一样，纪念着当年的丰功伟绩。而圣若瑟修院，非但在历史的激流里屹立不倒，其附属圣堂更以其华美的巴洛克建筑，深隐于澳门历史城区狭窄街道，静候有识者的探访……

高空俯瞰可见圣堂及修院连为一体，中间是内庭院（陈显耀摄）

创建历程

以兴办学校著名的耶稣会士，在1728年于岗顶创立圣若瑟修院后，1746年开始动工兴建附属的圣堂。当时的奠基铜牌，可在圣堂右侧的小堂里看到，上面以拉丁文清楚记载圣堂动工于1746年10月10日，背面还以中文书写"大清皇朝第四代皇帝乾隆拾壹年捌月贰拾陆日"。其后，经历12年的时间，直至1758年，这间美轮美奂的小教堂才告竣工。

遗憾的是，这间巴洛克色彩

圣堂在三巴仔横街的入口

浓烈的小教堂，却在1953年的修葺中失去了原来的特色，先是圣堂内的两座讲道亭被拆去，以柚木建造的祭台也被假云石取代；最让它黯然失色的，便是教堂正立面被铺上上海批荡（shanghai plasters），巴洛克的风采，被掩盖于一片灰色的泥浆中。直到1999年，文化局重新维修圣堂，依据历史文献和照片，恢复了教堂的原貌。

体验朝圣的惊喜

圣若瑟修院教堂可说是一颗深藏于澳门历史城区古老街道中的珍珠。它不像大三巴般，游人可乘旅游车轻轻松松地前往参观。要到这个"小三巴"，必须老老实实地背起行囊，拿着地图，寻找那条根据它名字命名的三巴仔横街，才能到达那个拱门入口。

圣堂正面立面的层叠曲线拉式，是典型的巴洛克风格

然而旅行者是不枉此行的，因为只要一进入门口，便会被耸立于眼前的圣堂立面吸引。在你想进一步探究这道嫩黄中间着丝丝优雅白线的建筑里深藏着些什么之前，先得经过一条多达52级的阶梯的考验。如果你去过大三巴，当会记得那里也有一条长长的石阶，这便是耶稣会建筑师想你体验接近神圣的匠心设计。站在这些由花岗岩石铺砌的石阶底部，抬头向上，在两旁墙壁的映衬之下，视线集中于中央的圣堂，仰望上去，仿似一座凌空的祭坛，高高在上地俯视着人间的一切；再抬起脚一步步拾级而上，朝着那中央的圣堂走去，此刻，你当可体会朝圣者面圣的惊喜心情。

当你接近圣堂，看见那些一层层重重叠叠的曲折立柱和线脚，恰似盛放的繁花叶瓣，让你眼花缭乱；最别致的，当然是大门顶上的弧形断山花，打破传统三角楣的设计。此时，你便可以确认，是的，这便是以"花俏"出名的巴洛克建筑艺术风格了。值得注意的是，立面顶层正中十字形大勋章内的"JHS"图案，便是耶稣会的标志了。

让人赞叹的祭坛

步入圣堂，眼睛刚开始适应里面稍暗的环境，便被一道从高处降下的光柱震慑住，抬头一望，圣若瑟修院圣堂独步澳门教堂的天窗穹顶便进入眼帘。笔者常常想，圣若瑟修院圣堂即便没有那些巴洛克装饰，就只这个穹顶，只这个穹顶穿透下的光

独步澳门的穹顶

穹顶离地 19 米，光柱从上透入室内，充满神圣气氛（陈显耀摄）

用螺旋柱装饰的主祭坛，
充分体现巴洛克艺术特色

柱，便足以让我深深爱上它——谁能抵挡这一抹光的圣洁之感呢？这光柱让我切切实实地感到自己身处神圣的地方。

圣堂的面积不大，左、中、右分布着三个祭坛。然而，就这么一个细小的玲珑空间，在巴洛克层层叠叠的曲线中，却雕刻着无数的象征图案，其丰富性足以写一本象征符号小册子。先是那正中的主祭坛，我敢说是全澳门最漂亮的祭坛。那曲折有致、变化多端的线条，再加上左右各两根的金叶螺旋柱，让人除了赞叹，还是赞叹。祭坛正中高高地立着耶稣圣心雕像，螺旋柱底下，雕刻着许多图案；对《圣经》熟悉的朋友，当可辨认出这些全是跟耶稣生平事迹相关的图象，像刑具、荆冠、金袍、晨鸡等，时刻提醒着教徒。

圣堂左侧祭坛供奉无原罪圣母，这座雕像出自葡萄牙雕塑家之手；细心的观者会留意到祭台下中间有一个圆形图案，由"AM"两个字母构成，这是圣母"万福玛利亚"的标志，祭坛的右侧更有幅"诺亚方舟"的雕饰。与其相对的右侧祭坛则是奉献给这间教堂真正的主人圣若瑟，上面有圣若瑟手抱圣婴的雕像，祭坛四周雕刻了许多木匠工具图案（圣若瑟木匠出身），祭台下由"SJ"（St. Jose）构成的图案也可以说明主人的身份。

当然，圣堂内还有一件宝物，那便是供奉在圣约瑟祭坛上的圣方济各·沙勿略（St. Francis Xavier）右臂骨。沙勿略是耶稣会第一个到东方传教的会士，被后世誉为"东方宗徒"。其圣骨自1635年起在澳门供奉至今，是天主教重要的圣物。

沙勿略的圣髑（右臂骨）（陈显耀摄）

耶稣会士沙勿略

1552年12月3日的凌晨，在中国南方广东一个叫上川岛的地方，一间简陋的茅屋房里，一个外国传教士正处于奄奄一息的垂危状态。他是当年8月底从马六甲乘船到达这里的；他希望能到中国传教。他在这里寻求踏上中国大陆的方法，然而却不幸害上疟疾，而且一病不起；虽然曾请医生看过，并施行了当时最流行的放血手术，然而，病况却进一步恶化。终于，这一晚，他病逝于他渴望进入的中国的小岛上，出师未捷身先死。

圣堂内的沙勿略像（陈显耀摄）

这个传教士，便是天主教耶稣会第一个到东方传教的会士，被后世誉为"东方宗徒"的圣方济各·沙勿略（St. Francis Xavier）。

从印度到日本

沙勿略1506年生于西班牙北部纳瓦拉沙勿略堡的一个望族家庭，方济各是其受洗时的教名，故后人以方济各·沙勿略称之。

1525年，19岁的沙勿略前往法国巴黎大学圣巴巴拉学院攻读哲学，五年后获硕士学位，开始担任讲师。随后进修神学，遇上伙伴依纳爵罗耀拉（Ignacio de Loyola）。1534年8月15日，沙勿略与罗耀拉等七人在巴黎的蒙马特高地，共同创立了耶稣会。

耶稣会（Society of Jesus）是天主教修会之一，其组织仿军队编制，纪律严谨，自称为"愈显主荣"而战斗的"耶稣连队"（Company of Juses）。该会会士须发绝财、绝色、绝意、绝对效忠教皇的四愿，并须接受长达15年的培训。该会积极参加天主教海外传教事业。中国人熟悉的传教士如利玛窦、汤若望、南怀仁等都是该会会士，先后来华传教，对中西文化交流做过杰出贡献。该会又非常重视教育，会士传教所到之处大都会兴办学校。该会会徽为"IHS"，源自希腊文"IHSOUS"（耶稣）的首三个字母。

1541年，葡萄牙国王若昂三世接见沙勿略，并亲自向他颁发教皇手谕，任命他为教皇特使，拥有在东方传教的至高权力。翌年，沙勿略到达印度果阿，开始了他在东方传教的事业。沙勿略的传教范围原本只在印度，后又扩及马六甲、马鲁古群岛等地。

1547年12月，沙勿略在马六甲遇见一位名叫弥次郎的日本天主教徒。两人的谈话使他对日本稍有认识，并决定前往日本。1549年8月15日，在弥次郎的引介下，沙勿略携同两位耶稣会士经马六甲海峡，辗转抵达弥次郎的家乡——日本南部九州的鹿儿岛，成为第一位踏上日本国土的天主教传教士。在日本的鹿儿岛现今还竖立着沙勿略的纪念碑。

渴望到中国传教

沙勿略登陆日本后，马上发现日本的情况和印度大异其趣，日本人的生活习惯、思想文化比印度的复杂多了。他意识到不能把在印度使用的传教方法搬到日本。在这里首先必须学习日本语言，认识日本文化、哲学思想，并采用日本人的风俗习惯，而且要花费很长的时间才足以使一个人皈依。

在日本传教期间，沙勿略有机会同当地僧人辩论宗教问题。有一个僧人向沙勿略讲出了一个关键性问题："日本长期依赖中国，佛教也是从中国传进来的。现在中国人也未曾信奉天主教，日本似乎不可擅自更改。"这一句话对沙勿略有如醍醐灌顶，引发了他要到中国传教的念头。

1551年，沙勿略离开日本，开始为前往中国而做准备。但沙勿略随即发现，外国传教士要进入中国是一件非常困难的事情。为此，在1552年他组织了一个赴中国的葡萄牙使团，准备以此为名去晋见明朝皇帝，并向其申请获得传教的权利。同年5月底，使团却在马六甲被当地总督扣留，最后他只能连同其他三名教徒乘船前往中国。8月底，当沙勿略抵达距离广东海岸很近的上川岛时，岛上有许多葡萄牙商人与中国人进行贸易，沙勿略请求葡商带他去广州，但没人敢答应；其后他遇到一个中国商人，答应给予对方报酬，载他潜入中国，但商人最后失约。随着冬天到来，沙勿略进入中国的梦想遥遥无期，且贫病交加。终于，在1552年12月3日凌晨含恨病逝于上川岛，年仅46岁。

深度解码（八）

"东方宗徒"在澳门

沙勿略死后，尸体先被埋在上川岛的海滩，据说其尸能长期不腐烂。1553年4

月，沙勿略遗体迁抵马六甲，埋在当地圣保禄教堂一小段时间，翌年再运往果阿的大教堂（Basilica Of Bom Jesue）存放，供人瞻仰。

后来，由于日本开始禁教，耶稣会写信给罗马教皇，请求把开教日本的沙勿略的圣骨送去日本，以作鼓励支持。教皇同意这一请求，命令果阿主教割下沙勿略遗体的手臂。据果阿主教在1619年4月27日遵命的记载："我们取出右臂从肘部到肩部的骨头，并把它交给加布里埃尔·德马托斯（Gabriel De Motos）神父带到日本去。"圣骨长度为13厘米。圣骨在1619年被带到日本，但由于日本日益严禁天主教，把圣骨保存在那里不安全，所以，1635年前，圣骨又被送回澳门。当年有一段记载这样说："从前那里（澳门）经常出现叫作台风的巨大风暴，这种风暴把大树连根拔起，猛烈地把人推倒在地上；但是，自从光荣的圣方济各的手臂送往那里之后，这种风暴已经很少出现。"

圣骨被供奉在大三巴天主之母教堂达200年之久。教堂于1835年被火烧毁后，圣骨幸免于难，先被送往圣安多尼堂，后又送往主教座堂。圣骨被保存在纯银做成的圣骨箱内，该箱高72厘米，上面有这样的题词："本圣骨箱是由安东尼奥·佩雷拉及其儿子和媳妇们在伦敦订做的，谨呈献给澳门大教堂，1865年9月1日。"

1952年12月，沙勿略的圣骨暂时送往马六甲，在纪念圣方济各逝世400年之际供成千上万的人瞻仰。1965年，圣骨曾在美国短期展出。1974年10月5日，圣骨被送往路环岛的圣方济各教堂，后又移存圣若瑟修院至今。

1622年，教宗额我略十五世（Gregorio XV）封沙勿略为圣人，并定每年的12月3日为其纪念日，他的墓地也成为朝拜的圣地。天主教会高度评价沙勿略在传教事业上的贡献，并称许其为"东方宗徒"。

天主教澳门教区于1576年1月23日由教宗额我略十三世下令成立，并自建立伊始，便奉圣方济各·沙勿略为主保，以宣示澳门传教士的独特气质。澳门保存许多纪念沙勿略的文物。比如在1637年左右落成的天主之母教堂（即圣保禄教堂），正其立面（大三巴牌坊）上有一列四个雕像，右面第二个雕像便是圣方济各·沙勿略。此外，于1903年创办的路环圣方济各教堂，也是为纪念沙勿略而命名的。

深度解码（九）

北京主教与葡籍汉学家

跟其他教堂一样，圣若瑟修院教堂里也有些墓碑，用以纪念对教会有贡献的人士。

其中一个墓碑位于主祭坛正中地上，平日被地毯遮掩。它纪念的是北京主教沙赖华（Joaquim de sousa Saraiva）。沙赖华1765年出生于葡萄牙，为遣使会会士；后被任命为北京教区副主教，并于1804年9月16日由里斯本抵达澳门。然而，由于当时中国禁止传教，故沙赖华无法到北京履新，只能留在圣若瑟修院任教数学、哲学和神学等科，到1818年2月18日病逝。沙赖华在澳门期间，非常留意搜集有关澳门的史料，准备撰写澳门史。当他知道瑞典人龙思泰（Anders Ljungstedt，1759—1835）也有兴趣写澳门史时，便于逝世前将搜集得来的资料慷慨相赠。龙思泰后来在此基础上，以英文写作出版了《早期澳门史》（*Historical Sketch of the Portuguese Settlements in China*）一书。

另一位同样任教于圣若瑟修院而又葬于圣堂的，是江沙维神父（Pe Joaquim Afonso Goncalves），其墓碑位于圣堂正门入口右侧。

沙赖华主教画像，现藏于圣若瑟修院

　　江沙维神父1781年出生于葡萄牙，于1814年6月28日抵达澳门，任教于修院内。据汤开建等主编的《澳门编年史》资料，他每天辛勤工作达16～18小时，于1828年至1844年间出版了一批汉学著作，成为葡萄牙著名的汉学家。　1829年，江沙维出版其代表作《汉字文法》（*Arte China*），是一部汉语的综合教科书。法国著名汉学家雷慕沙（Jean Pierre Abel Rémusat）曾发表文章高度评价江沙维神父的汉学成就，称"《汉字文法》不仅是一本简单的中国字词手册，书中还包括文学和民间的散文、语法、虚词、四十四段对白、历史典故和神话故事，公文书信和短文，普通话和粤语例句选。不认可他的著作有欠公允。仅其第一册就足以与著名汉学家齐名"。

江沙维神父又于1831年出版《葡华字典》、1833年出版《汉葡字典》、1836年出版《拉丁文—汉语袖珍字典》等，为中西文化的交流做出重大贡献。现时澳门议事亭藏书楼（位于新马路市政署大楼内）内藏有上述字典。

江沙维神父于1841年10月3日在澳门去世，4日清晨，许多市民在未获邀请的情况下，主动前来参加他的葬礼。人们认为他是一名好神父、一位优秀市民和一位朴实的哲人。

六 圣奥斯定堂

感受节日气氛的首选

复活节是天主教重要的节日，澳门的各个教堂都会有纪念活动。然而，不管你是否教徒，在澳门过复活节，想真切地感受节日的浓烈气氛，有一间教堂你必得认识。

这就是位于岗顶前地上的龙嵩庙——圣奥斯定堂。

教堂主立面（陈显耀摄）

创建历程

深具欧陆风情的岗顶前地上，坐落着圣奥斯定堂和紧邻的耶稣会会院，见证了岗顶地区四百多年的变迁。

从主祭坛望向门口

侧祭坛

教堂内部

西班牙的圣奥斯定会传教士于1586年来到澳门，利用木板和茅草搭建简陋的教堂和会院；1589年，修院改由葡萄牙籍会士管理，并在现时岗顶的位置另建新堂，1591年完工，奉献给恩宠圣母。据说，由于最初教堂以葵叶覆盖屋顶，风吹动时，葵叶翘起，远远望去就像龙须竖起，华人就将教堂叫作"龙须庙"，后又以谐音称为"龙嵩庙"。

1835年，澳葡政府驱逐奥斯定会教士离开，霸占全部会产，并且将会院部分先后改建为兵营及军医院；1893年，改建为利宵中学（Liceu de Macau），著名的葡萄牙象征主义诗人庇山耶（Camilo Pessanha，1867—1926，澳门有庇山耶街纪念）于1894年来澳在此任教。及后又被出售予人建别墅，到1935年，才由耶稣会购回，改建成耶稣会的会院至今。

教堂部分曾几次重修。1872年9月底，整个主堂及圣器室坍塌；翌年，政府将教堂交予"苦难善耶稣教友善会"管理，条件是要重修教堂。该会筹得经费后，于1874年开始重建，至1887年新教堂落成，就是现在的模样。

苦难耶稣像传说

今天到圣奥斯定堂参观，其主角一定是主祭台后的苦难耶稣像。这座每年出游一次的圣像，有着各种传说，充分体现其宗教特色。

据传说，这座苦难耶稣像一定要由奥斯定会修士带着才肯登岸。其后，主教府想搬走圣像，转放到主教座堂内，但奇迹的是，每次圣像都会突然消失，之后又在圣奥斯定教堂内出现。如此这般发生了多次，主教府最终决定让圣像留在圣奥斯定教堂内。

苦难耶稣像

为了庆祝这种"神迹"，人们便以每年一度的"苦难耶稣像出巡"活动来纪念。至今，这个活动已成为澳门天主教重要的节日，不但吸引了许多外地信徒前来参与，连游客也会特意选出巡的日子来澳参观其盛况。

在天主教仪式中，圣像出巡是信徒表示虔敬和信赖的方式之一。据18世纪中叶出版的《澳门记略》记载，当时天主之母教堂（俗称圣保禄教堂）、玫瑰堂、主教座堂甚至仁慈堂都有圣像出巡的活动，至今则以玫瑰堂的花地玛圣母巡游及这个苦难耶稣像巡游最为著名。

巡游经过

澳门的苦难耶稣像出巡，由"苦难善耶稣会"主持，紧接于每年的"圣灰礼仪"后的星期六、日两天举行。"圣灰礼仪"（Ash Wednesday，又称圣灰星期三）是每年复活节倒数46天的星期三。

星期六的出巡于黄昏举行，由圣奥斯定堂经议事亭前地到主教座堂。据《澳门土生葡人》一书介绍，在出游之前，要给圣像"梳洗"，把头上戴的荆冠擦亮，并且要准备两套衣服，都是红色的，每天穿一套，表示去旧迎新之意。圣像周围用紫

苦难耶稣出游盛况（陈显耀摄）

教堂旁边的耶稣会会院

色的纱帐围着，表示哀伤苦难。圣像下面有敬献的鲜花和画，有木梯、刀、矛、葡萄等各种图案。游行队伍包括耶稣会的负责人、耶稣会员、神职人员和广大教徒以及警察乐队。耶稣会会员穿紫色披风，群众沿路默祷，由身穿紫色礼服的六名教徒抬着"苦难耶稣圣像"，伴随哀乐缓缓行进。该游行的特征是"沉默"，即除朗诵经文外，出游途中均是"沉默"。同时，苦难耶稣圣像会用华盖密封，纪念耶稣由山园被捕解送至总督府受审的经过。

星期日的出巡于下午举行，队伍从主教座堂出发，经议事亭前地、板樟堂街、白马行、水坑尾、南湾马路、卑弟巷、风顺堂街、龙嵩街、戏院斜巷，最后返回圣奥斯定堂。回程时，耶稣会的神父穿黑色长袍，头戴黑色四方礼帽，鞋袜均为黑色。黑色代表严肃、隆重与哀伤，他手持一支点燃的蜡烛，沿途默想耶稣的圣死。信众又会在沿途举行"拜苦路"仪式，分别在主教座堂内、玫瑰堂前、白马行、美丽街口、巴掌围斜巷口、圣老楞佐堂前、圣奥斯定堂前等七处进行。

昔日巡游盛况

苦难耶稣像出巡始自何时，暂未见确切记载资料，据说始于16世纪末。

关于圣像出巡的情况，中文资料方面，《镜海丛报》1895年3月6日有一篇题为"奉神出巡"的报道："月之初六日为西洋庆喜之辰。是晚，天主教奉其教中所供之耶稣像，巡行各道，以便教人瞻仰。初六晚七点钟，由龙嵩庙请出神像，送至大庙；次日四点钟，再具仪仗迎神出巡，中西奉教之众，皆持白烛，跪伏于路，若甚诚敬者。"从这段描述可知，一百多年前的出巡情况，与今天的区别不大，甚至连时间也相若。

木制讲坛精美的雕花

与上述报道同一则的，有一段很值得注意的话，说"其神闻亦极有灵应，华人多信之。往年因短出巡之费，拟暂停止，华商亟倾囊出资，筹备经费，以助神庆"。根据报道，我们知道苦难耶稣像巡游不但有华人参加，更有华商出钱资助。为什么一个天主教的节日，竟有华商参加呢？

原来，1712年时，圣奥斯定堂的教士被逐出澳门，出巡活动因而停止。巧合的是，当时澳门刚好发生食物短缺，本地华人认为这与巡游的停办有关。于是他们向主教提出，要求那个"肩上抬着十字架的男人"再次出巡，他们会支付所有经费。主教同意了他们的要求，不久之后，短缺的情况就消失了——怪不得说"神闻亦极有灵应"了。

百多年前的复活节

在澳门，复活节是公众假期，信众用各种形式来纪念这个宗教节日。那么，一百多年前，澳门人又是怎样过复活节的呢？《镜海丛报》1895年4月10日里的一则记载可以让我们了解一二：

华历十八日，为西邦耶稣受死之辰，越三日复生，是为升天令节。十八日，各兵所奏乐，皆作悲音。此礼拜内，各衙皆停办公事，教堂所撞之钟，亦停而不击，别用木铎。礼拜五日，各处所悬旗皆满扯，至受死之期，乃下半截以志哀。

原来，当时政府机关也是放假的，而且还会下半旗，比今天更隆重一些。

19世纪著名的历史学者龙思泰记载："我们从喜乐的游行（即圣安多尼圣像游行）转谈到一个最庄严及悲伤的游行。十字主日——这是从游行时的旗帜所显示的旗号判断出来的——代表着从外教的社会转变到基督宗教。赎世主由耶稣的圣像代表：他穿着紫袍，头带刺冠，背负十字架，单膝跪在一个担架上，并由八个城中有名望的人抬着巡游。主教、神职人员、兵头、高官、贵族、军人以及所有天主教徒，深深受到这一幕造物主用他神圣的牺牲与人类的修好所感动。一群身穿天使衣服、背带薄纱翅膀的小童，拿着迷你型工具，象征着去钉十字架。这次游行差不多行遍整个城市，最后停在圣奥斯定会院的圣堂内。"

主立面顶部装饰（陈显耀摄）

澳门总督的爱情故事

她叫玛丽亚·莫乌拉（Mariade Moura），是个继承了家族巨大财富的孤儿，由外婆照顾。他叫古尔露（António de Albuquerque Coelho），是个私生子，生于巴西，父亲是当地总督、葡萄牙贵族，母亲具印第安人以及欧洲血统。1706年时他24岁，已是个步兵上尉，由果阿派来澳门。

玛丽亚的财富引来各方垂涎，求婚者络绎不绝，包括古尔露上尉。据说他对她一见钟情，为抢占先机，带着士兵包围玛丽亚外婆家，握着她的手求婚，教人惊讶的是，年纪轻轻的玛丽亚竟然答允了！1709年6月两人订婚，但一个半月后，古尔露遭到暗杀，其情节绝对可以拍成电视剧。据《澳门编年史》第二卷引文德泉神父资料，古尔露差点丧命的经过如下：

8月2日，果阿皇家海军步兵上尉古尔露骑马追击一名黑奴，马匹向圣方济各修道院奔去，有人向他开枪，第一枪没有击中，紧接着又射出一枪，击中了他的右臂。开枪者为其情敌葡萄牙军官恩里克·罗郎也（D. Henrique de Noronha）中尉。澳门的外科医生安东尼奥·萨（Antóniode Sá）和果阿船上的外科医生看了古尔露的伤势之后，都说无药可救。恰巧英国商船上的一个英格兰人经过澳门，他叫他的外科医生给古尔露治疗。由于古尔露的手臂已经腐烂，如要保住性命，必须做截肢手术。做完手术后，他的病情明显好转，很快得以痊愈。总督戴冰玉下令将恩里克·罗郎也中尉逮捕。恩里克·罗郎也之所以暗杀古尔露，是因为他也爱上了美丽富有的少女玛丽亚·莫乌拉。

变成独臂的古尔露，慨允未婚妻可以无须遵约嫁他，但玛丽亚说即使他没有双臂、双腿，她也愿意嫁给他。因为他是为了她才断了手臂，因此决不会放弃他。1710年8月，经过重重波折，有情人终成眷属，他们在圣方济各教堂举行婚礼。虽然澳门葡人上流社会及玛丽亚的亲人都表示反对。

可惜，幸运之神并没有眷顾他们太久，第一个孩子刚出生一个星期就夭折。1714年，妻子生第二个孩子后不到一个月，因产后身体不适逝世。同年，伤心欲绝的古尔露离开澳门前去果阿。没想到，4年后古尔露却重返澳门，出任第34任澳督，但只做了15个月就交出总督令牌。

1722年，古尔露成为葡萄牙殖民地帝汶总督。据文德泉神父载，1725年9月29日古尔露结束帝汶总督任期，乘船到达澳门，受到市民欢迎。他下榻圣方济各修道院，于11月23日为其夫人玛丽亚·莫乌拉举行隆重的追思仪式。祭礼进行时，大炮台鸣炮，各教

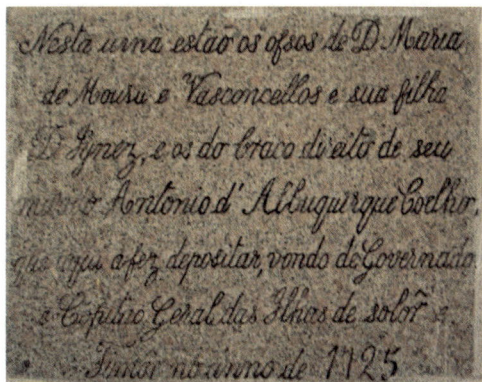

古尔露安放妻女遗骨的墓碑

堂响起钟声。古尔露把她和早夭孩子的遗骸，连同自己被截去的那条独臂，一齐埋葬在圣奥斯定教堂里，以永久纪念。

今天，游客去参观教堂主祭坛，向右望会发现一块石碑，这就是独臂总督古尔露写的铭文，大意是：

这骨灰瓮里的骸骨是玛丽亚和女儿Dona Ignes的遗体，以及她丈夫的右臂；后者置放骨灰瓮于此，时任索洛（Solor）及帝汶（Timor）群岛总督及舰队司令。1725年。

七 岗顶剧院

澳门音乐艺术表演"重镇"

如果你喜欢音乐、剧场演出，你一定要到岗顶剧院，观看每年一度的"澳门艺术节""澳门国际音乐节"为你安排的精彩节目。

如果你喜欢文化历史或文物建筑，你更加要到岗顶剧院，亲身在这座中国境内历史最悠久且至今仍在使用的西式剧院中，感受浓厚的历史风情。

创建历程

澳门是西洋音乐传入中国的桥头堡，西方音乐与戏剧在这里表演的历史，跟澳门城市的发展史一样悠久。可是，在岗顶剧院创建之前，澳门的音乐、戏剧节目，只能在一些大街、公园临时搭建的舞台演出。

1857年，一班澳门葡人有感于演出场地的缺乏，组成一个筹备委员会，向公众筹募捐款，集资兴建剧院，并向政府申请用地。委员会最早想把剧院设在白马行医院（今葡萄牙驻港澳总领事馆）内，但被否决；后来又心仪加思栏兵营附近的一块土地，但政府批了玫瑰堂侧的多明我会修院旧址（今不存）给他们，委员会又不喜欢。几经周折，终于选定今天位于岗顶的现址。

在当时市政厅文书马葵士（Pedro Marques）规划下，岗顶剧院在1858年3月落成，并以当年在位的葡萄牙国王伯多禄五世（Dom Pedro V）命名。据施白蒂（Beatriz Basto da Silva）介绍，这位伯多禄五世是最受葡萄牙人拥戴的国王，"他的文学造诣、艺术修养和人文美德获得广泛赞誉"。翌年，政府《公报》在介绍这座新剧院时，有位叫Jules Janin的人说了一句很中听的话："一座城市没有剧院，就像一位少妇没有微笑一样。"施白蒂说，剧院开幕不久，已"成为上演话剧、音乐会、歌剧的首选场地"。更迎来一位法国魔术师Philip De Barr表演《科学的幻想》节目，受到观众的欢迎。

这座俗称岗顶剧院的伯多禄五世剧院，是中国土地上第一座西式剧院，较1867年才落成的上海兰心（Lyceum）剧院要早；更难得的是，兰心剧院早已拆掉，但澳门这座岗顶剧院依然维持其原有功能，成为澳门文物活化再利用的鲜活例子。

高会时时共踏歌

1873年，岗顶剧院重修，新增了一个气势不凡、高贵典雅的立面。这个由八根希腊大柱上顶三角楣的新古典主义式设计，由塞卡尔男爵（Barão de Cercal）负责，并于同年9月底正式重开。剧院其后曾于1918年再次重修，但依然保留原有设计。

然而，由于经营不善，负责管理的"伯多禄五世剧院会"（The D. Pedro V Theatre Society）欠下债务，剧院于1879年被政府拿来公开拍卖，翌年由"伯多禄五世剧院业主会"（Proprietors of the D. Pedro V Theatre）购入，并交由"俱乐部联会"（Club Union）管理；到1903年，转由"澳门俱乐部"（Club de Macau）管理。这个"伯多禄五世剧院业主会"成立的宗旨很单纯，只为在澳葡人提供娱乐用的俱乐部和艺术表演场地，所以当时剧院内更兼办宴会、嘉年华舞会、桌球室（故又称岗顶波楼）等。

岗顶剧院的盛名，连中国文人也注意到。晚清诗人汪兆镛写于1911至1918年间的《澳门竹枝词》，其中第四首便记载了当年岗顶剧院的盛况："宛邱自昔咏婆娑，高会时时共踏歌。百万羊镫千斛酒，红氍毹上美人多。"他注释说："龙松庙（即圣奥斯定教堂）侧地名岗顶，有大厦一区，宏敞瑰玮，葡人谓之'及笠'（即

剧院位于小山冈上

由塞卡尔男爵设计的新古典主义立面

Club），即华人之公司；盖醵资建设，为公共游息地也。每会士女昌丰，击球跳舞，饮酒唱歌，往往达旦。"一个不能入内的华人尚且知道岗顶剧院葡人通宵达旦寻欢作乐的情况，可想而知其时剧院内何止洋灯（羊镫）千盏美酒千杯……

演出"重镇"开创先河

岗顶剧院创建以来，举行过无数场音乐会、歌剧、戏剧、音乐剧表演，艺术家除来自本地外，更有来自中国内地和葡萄牙、法国、意大利、德国等欧洲国家，是当年澳门音乐艺术表演的"重镇"，开创了许多澳门乃至中国的先河。

这里值得一提的是剧院创立不久的1865年，即请来法国歌剧院来澳演出。在澳期间，他们献唱了包括威尔第的《吟游诗人》（*Il trovatore*）和罗西尼的《塞维利亚的理发师》（*O Barbeiro de Sevilha*）等著名作品，这是西式歌剧首次在中国土地上的演出。

葡人社群在剧院内举行宴会（约1940年）（澳门档案馆藏）

此外，1915至1929年间，岗顶剧院曾租予澳门的电影公司，开办"马交戏院"，放映无声电影，成为其时少数的电影院之一。当年的戏院位置安排颇有趣，电影银幕前面的是票价较高的"前座"，观众可以正常观看影片，更有人在场为剧情"解画"（电影解说）；银幕后的是票价较便宜的"后座"，观众只能看"倒影"了。

20世纪40年代，受抗日战争影响，大批内地及香港的难民涌入澳门，岗顶剧院一度成为难民收容所。至20世纪60年代，剧院因缺乏维修，处于破旧状态，演出亦随之减少；20世纪70年代后期，在澳门娱乐公司的资助下，剧院得以重修，更新了屋顶、天花、地板、卫生设备，以及电力装置，但重开后成了"巴黎疯狂艳舞团"的表演场地。

2005年，特区政府文化局和剧院业主东方基金会达成协议，拥有剧院的管理权，经过重修，剧院于每年的艺术节和音乐节，再次迎接新世纪的艺术爱好者入场。

深度解码（十一）

水兵主演慈善秀

今天的澳门，各项艺术表演设施完备，光是每年的艺术节与音乐节，已吸引众多国际知名演艺团体来澳演出；而随着酒店大型表演场地的投入使用，邀请到国际巨星来澳，更可谓星光熠熠，让观众目不暇给。

百多年前的澳门，可供表演的场地却不多，只有岗顶剧院一地独挑大梁，供远道而来的表演者粉墨登场。

那么，当年岗顶剧院具体有什么演出呢？翻开1895年2月27日的《镜海丛报》，可见一则题为《戏而有益》的消息，说："岗顶有西洋戏院，近因澳官创办教习工

从舞台望向观众席

剧院内的"镜厅"，昔日在此举行舞会

艺院一所，经费苦不能敷，乃集兵船中水勇，令在院中开演杂剧，以娱众志。所收戏资，即拨入工艺院，储作经费。"说明是一个戏剧筹款晚会，不过演员却是业余的水兵，也算是有趣的一幕。

演戏筹款，在今天已是寻常事，原来当时也颇流行。上述水兵演戏之后，同年的12月4日，《镜海丛报》又有一则《为善最乐》的报道："（农历）廿二日晚，岗顶戏院经有西洋官商多人，拟在该院开演西剧，已出礼贴知会矣。所收戏金，拨作罗马教堂女修士养婴经费。"这场为教会募捐的演出，吸引了远至香港的观众。据该报12月18日的跟进报道，谓："是晚甚为闹热，所摆花草亦极精致。有一西女唱声清脆，异等动人。又有一人扮作老者，所说之话无不弹诮人神。是晚香港各西人搭附河南火轮来澳者更繁有徒，演罢即行跳舞，约至天明而散。"原来港人来澳观剧已不是新鲜事了。不过，当年洋人在岗顶剧院看戏之后，还可在院中"镜厅"跳舞寻欢，通宵达旦，这却是今天所不及的呀……

八 市政署大楼

古典气息议事亭

　　游客到澳门，必定会到市中心新马路议事亭前地一带，而到了新马路，一定会被一座坐落于中央的典雅西式建筑吸引，这便是市政署大楼。

　　当游客满怀兴致地欣赏市政署大楼建筑美之时，可能不知道这里昔日是澳门的"元老院"——葡人自治权力中心"议事会"的旧址。

建筑装饰富有南欧色彩

从议事会到市政署

葡萄牙商人于16世纪中叶来到澳门进行贸易，在得到中国官方批准后，租居这里，逐渐形成一个聚居地。随着商业发展，居民增加，日常各项杂务自然也渐渐增多，居民们深感有必要成立一个机构，来统筹管理从市政到法律到与中国官方沟通等事务。由于当时葡萄牙政府没有常驻澳门的管理机构和官员，这些葡商便设法筹组自己的内部管治组织。

1583年，在当时的澳门教区萨主教（D. Leonardo de Sa）倡议和主持下，澳门葡人选举产生了首届议事会（Senado da Camara，或称议事公局）。Senado原意是元老院，是源自古罗马的一个职权机关。1586年4月10日，负责澳门事务的葡萄牙驻印度总督来信确认澳门享有葡萄牙埃武拉（Évora）相同的地位和优惠，并授予澳门议事会权力，每三年进行选举；同时，命名这个聚居地为"中国天主圣名之城"。

根据澳门学者吴志良博士研究，议事会一般由三位市议员、两位普通法官和一位检察长（又称理事官）组成，任期三年，可续任一次，主席由市议员轮任。市议员必须40岁以上，普通法官必须30岁以上方可任职。一旦获选后，便不能拒绝出任

议事亭前地及市政厅大楼
（约1915年）（澳门档案馆藏）

公职，否则要受罚，甚至丧失公民权利。这是因为当时愿意且有能力担任公职的人并不多。议事会对居澳葡人进行政治、行政和司法管理；亦负责处理葡人社区内部事务，包括市政卫生、市容、财政拨款和其他公共事务；只有重大特殊事项，才召集全体市民议决。

其后，虽然葡萄牙政府于1623年委派了首任总督马士加路也（D.Francisco Mascarenhas）来澳，但在17至18世纪大部分时间，总督仅有军事权，不得过问议事会的施政。直到1783年，葡萄牙颁布《王室制诰》，加强总督的权力，居澳葡人逐渐丧失了自行管治内部事务的权力。到1835年，议事会被解散，成为一个现代意义上的市政机构，只限处理市政事务；其后改称市政厅，只在葡文名称Leal Senado上依稀见证着其昔日的议事权力。

回归之后，澳门市政厅被改组为民政总署；2019年元旦，澳门特区政府撤销民政总署，成立市政署，主要职权是为澳门居民提供文化、康乐、环境卫生等方面的服务，并就这些事务向政府提供咨询意见。

会议室内的镜子装饰

会议室旁边的小圣堂

建筑历程

澳门议事会最早的办公所在，据《澳门记略·议事亭图》载，完全是一座中式建筑，中间高亭一座，四围墙壁环绕。这一来是由于早年中国政府不许葡人在澳门随意建筑，二来是由于当年的工匠都是华人，自然只能依中国传统来建造。也由于这座中式建筑的特点，华人就将这里称为"议事亭"了。值得一提的是，议事亭不仅是葡人议事聚会的地方，也是中国官员来澳宣读政令、会商公事的场所。

到1783年底，葡人开始筹建一座西式建筑，成为议事会的办公大楼。翌年，大楼落成，耗费八万两白银，成为今天大楼的雏形。据龙思泰《早期澳门史》描述，这是一座两层楼高，以花岗岩为基础，灰泥和砖头砌成的建筑。1874年9月，一场特大台风袭澳，造成过千人丧生，大量房屋倒塌，其时已改称市政厅的大楼亦不能幸免，只能重建，至1876年底竣工，成为一座具新古典主义风格的优美建筑。除了市政厅，还陆续有工务局、卫生局、邮政局、初级法院等迁入，在此暂时办公，大楼后面还连接着监狱，真可说是个多功能办公楼。1936年，大楼再次受台风吹袭损毁，只得重修，至1940年年中，经大面积修葺后启用，其基本面貌保持至今。

欧陆风情古迹处处

进入市政署大楼大堂，环视一遍，可以见到墙壁上镶嵌了许多石雕，这些都是从别处移来的古文物，包括一块葡萄牙国徽的五盾石碑；有一块字迹模糊不清的石碑，眼力好的朋友可以看到上刻"关闸"两字。当然，大堂内最引人注目的，要算是挂在通往后花园拱道入口上的木牌匾了，这是葡萄牙国王若昂四世（Dom João IV）于1654年赐予议事会的，上刻葡文"CIDADE DO NOME DE DEUS, NÃO HÁ OUTRA MAIS LEAL"（意为"无比忠贞的天主圣名之城"），以表彰澳门议事会于葡萄牙被西班牙国王统治期间仍忠诚于葡萄牙王室。

白墙下镶嵌着葡萄牙特色的瓷砖

经过由精美的葡萄牙瓷砖装饰于墙的通道，便进入大楼的花园，只见绿树挺拔，花丛点缀，清幽雅致，实在是澳门市中心的一片小绿洲，也是走得累了的游客一处绝佳休憩地点。花园尽头是一座建于1939年的喷泉，充满欧陆风情。

从花园出来，转上二楼之时，游人一定会被顶上一幅大型石雕吸引。这座石雕原是仁慈堂之物，1833年移到此处。浮雕正中的是圣母像，其左边是里斯本红衣主教和教宗；右边则是葡萄牙女王和国王。从左边楼

由葡王赠送表扬议事会忠诚的木牌

二楼会议厅华贵气派

原在仁慈堂的圣母像浮雕

梯直上，侧面便是议事亭藏书楼。这间小藏书楼创办于20世纪初，仿葡萄牙玛弗拉修道院图书馆（Biblioteca do Convento de Mafra）而建，古色古香，让你仿佛置身中世纪欧洲。

二楼的中心便是会议厅兼大礼堂了，其内宽敞明亮，典雅优美，木制装饰与天花板透显出雍容华贵的气派。最特别的是，其中有一间小教堂，供奉着无原罪圣母和澳门主保施洗约翰。这间小教堂辟于1940年，以前供市政厅执委祈祷或弥撒之用。

英军劫狱记

昔日市政厅大楼后面紧邻着监狱，因此该路段早年称为监牢斜巷，至20世纪50年代才改名为东方斜巷。据记载，当年监狱的囚犯可到市政厅大楼内的小教堂望弥撒，可见两座建筑之间是相通的。

1849年6月7日傍晚，一个居住在香港的英国人岑马士（James Summers）来澳游玩。到议事亭前地仁慈堂附近时，刚好有圣像巡游经过，在场的大部分人都脱帽甚至下跪行礼，可岑马士认为自己是新教徒，不用理这天主教礼仪，依然戴着帽子。谁想他的行动被当时在场的澳门总督阿马留（就是被沈志亮刺杀的那位）注意到，就派一个士兵过去要求他脱帽，可岑马士不加理会。这傲慢态度的结果，便是岑马士被以"不服从总督命令"的罪名投入监狱。岑马士急急写信向英军舰长求救。

其时，适逢英国驻中国分遣舰队指挥贾蒲路（Henry Keppel）带着舰队，来澳出任一场赛艇的评判，参赛者为葡、美、英三国的士兵。当贾蒲路收到岑马士的求救信后，便当面向阿马留求情，希望给个面子释放了事。谁想阿马留当场拒绝。贾蒲路见此，便策划借阿马留出外观看赛艇之时，秘密派一队人冲入监狱救岑马士。据他自己后来记载，整个行动才用了5分钟时间。不过，在劫狱过程中，英军打死了一名葡兵，又枪伤两个。

阿马留得悉事件后，当然大怒，除了第二天安排所有在澳外国官员出席那个被打死士兵的丧礼外，更通过外交途径抗议。最后，事件由英国海军部接手调查，并于1850年8月公布"不同意贾蒲路的做法"，并由英国首相出面向葡方道歉兼赔偿。

其实，此事的发生，根本是英葡两国的角力——日渐强大的英国的军官不放葡人在眼内，才有如此蛮横的举动。由此亦可见当年列强之间的明争暗斗、尔虞我诈了。

（十三）

《中国之蜂》

到市政署大楼参观，二楼的议事亭藏书楼一定要去；到藏书楼里，又不可错过《中国之蜂》（*A Abelha da China*，有学者译为《蜜蜂华报》，金国平先生认为《中国之蜂》较准确）创刊号。

据林玉凤博士研究，1820年葡萄牙本土的立宪派（即改革派）推翻帝制，创立了君主立宪制度，同时解除出版禁令，《中国之蜂》在此机缘下得以出版。

《中国之蜂》是份葡文周刊，创刊于1822年9月12日，于1823年12月26日停刊，共出版了67期。该报是份政治性报纸，创刊人为支持葡萄牙立宪派的土生葡人领袖巴波沙。他于1822年8月19日被选为澳门议事会（市政厅）主席，即下令驱逐其政敌、葡萄牙保守派大法官亚利鸦架（又译眉额带历），以及澳门总督欧布基出境。同时，他请道明会神父阿马兰特（António de S. Gonçalo de Amarante）编辑出版《中国之

《中国之蜂》创刊号

仿葡萄牙修道院图书馆而建的议事亭藏书楼

蜂》。刊物以蜜蜂命名，是因为"蜜蜂会叮人，而被叮的当然是旧有建制和保皇忠君的人了"。

林玉凤介绍："《蜜蜂华报》从创刊伊始，便站在居澳葡人的角度，为葡萄牙的立宪革命胜利而呐喊，为在总督手中夺回权力而欢呼。它以立宪派机关报和立宪派政府公报自居，又同时以保皇派为攻击和报复的对象。其内容以登载当时澳门政府的自治机关议事会的通告和会议记录为主，也刊载不少葡萄牙与中国官员处理澳门事宜和澳门政情的消息。"

可惜，该报寿命不长。1823年9月23日，保守派夺回政权，巴波沙被捕，作为其政治武器的《中国之蜂》不但被取缔，更被当众烧毁以泄愤，最终于1823年12月27日出版终刊号。

出版期数虽然不多，但《中国之蜂》仍具有重要的历史意义。林玉凤评价其为"迄今为止已发现了原件的澳门最早出版的期刊和中国最早的外文报纸"，"是葡萄牙现代史上的立宪革命成功以后在澳门出版的首份报章，是澳门历史上首个超越宗教文化因素而由政治因素激发出现的现代媒体"。

议事亭藏书楼藏有《中国之蜂》，并有展柜展出创刊号，有兴趣的朋友不妨前去一睹真容。

大楼后花园

九 仁慈堂大楼

扶危济贫仁慈堂

但凡来到澳门市中心议事亭前地的人，都会被喷水池旁一幢优雅建筑物吸引。这座纯白色的建筑物就是仁慈堂大楼，它是澳门最古老的慈善机构。洁白的建筑立面，既象征着仁慈堂无私奉献的崇高精神，又仿似一只和平鸽子般，颂唱着人间互助关爱、怜生济世的慈善之歌。

仁慈堂位于市中心议事亭前地（陈显耀摄）

会议室古色古香

会议室墙上挂着对仁慈堂有贡献人士的照片，中间是梅罗普夫人画像

创建历程

澳门的仁慈堂由署理主教贾耐劳（D. Melchior Miguel Nunes Carneiro Leitao），于1569年创办，创下了西方组织在中国开办慈善事业的先河。

仁慈堂（Santa Casa da Misericórdia）是葡萄牙的一个慈善组织，由葡萄牙王后唐娜（D. Leonor）于1498年8月15日于里斯本创立。据其章程，仁慈堂主要执行14项功课（obras de misericordia），分"精神"和"身体"两大类各7项。创立不久，仁慈堂便发展迅速，至唐娜王后去世时（1525年），短短二十多年间，光葡萄牙境内已有61所仁慈堂。随着葡萄牙人的海外贸易和征服，葡人又将此慈善机构的模式带到其他居留地，比如印度果阿、马来西亚马六甲、日本以至巴西等地。当时巴西流行着这样的诗句："两个葡人相遇，是一个拥抱；三个葡人相遇，是一桌酒宴；四个葡人相遇，建立一个仁慈堂。"可见建立仁慈堂似乎成了葡人的"风俗"。

贾耐劳于1568年抵达澳门，据其1575年一封信内的自述说："当我于1568年5月末抵达时，那里只有很少的葡萄牙居民，以及一些当地天主教徒的家庭……""我一到达这个岛，便命令为本地人和基督教徒建立两所医院接收所有天主教徒和异教徒。我还建立了一所仁慈堂，与罗马的慈善组织相仿：为所有赤贫的人们和其他贫

贾耐劳主教像

正立面顶上原有贾耐劳的胸像
（澳门艺术博物馆馆藏照片）

困地区提供帮助。"贾耐劳所说的两所医院，便是仁慈堂属下的贫民医院（即白马行医院），以及毗邻望德堂的麻风病院（今已不存）。

服务周到

从贾耐劳的叙述中，我们可知仁慈堂的服务对象是不分国籍和信仰的。事实上，据专门研究仁慈堂的董少新博士所述，在1627年修订的《澳门仁慈堂章程》里，规定澳门仁慈堂仿里斯本仁慈堂的服务精神，也设立14项功课，其中身体方面的7项工作分别为：

（1）为饥饿者提供食物；（2）为口渴者提供饮品；（3）为裸者提供衣物；（4）看望病者及囚徒；（5）为远游者提供住宿；（6）救赎俘虏；（7）安葬死者。

从以上内容来看，我们基本上可以用"生养死葬"这四字来概括仁慈堂的服务。当然，每个地区的情况，按其具体服务内容而不同。据一份仁慈堂派发的简介，澳门仁慈堂具体的济贫内容为：

对于健康失业的人介绍工作使其得以生活；

对于孤儿收容并给予教导学习一技之长，使其日后得以自立和服务社会；

对于无力工作者慷慨给予援助，也有些寡妇可加入慈善服务工作，照顾贫病的人；

还有孤女长大出嫁之日也可有一些善钱提供购置嫁妆；

对于死人的灵魂，每年春秋两祭给他们安魂追思弥撒，祭祀使他们早日得以安息。

由此可见，澳门仁慈堂的服务可算十分周到，连孤女的嫁妆和死人的灵魂都关顾照料，不可谓不用心良苦。不仅如此，仁慈堂设有多个巡查员（Visitadores），按规定他们要"双双为伍，每月在各自的责任区域内，细心地看望赤贫者和患病者"。

事实上，仁慈堂的服务蜚声遐迩，连管理澳门的华人官员都知道。由前后两任澳门同知撰写的《澳门记略》（出版于1751年左右），便记载说："南隅有庙曰支粮，如内地育婴堂制，门侧穴转斗悬铎，有弃其子者，掣绳响铎，置转斗中。僧闻铎声至，收而育之。"说的就是仁慈堂收养孤儿的事。

当时，由于属下机构的员工都到仁慈堂领薪水（广东话叫"出粮"），事务又是由教士主理，加上有教堂附设于内，华人不知就里，径自将仁慈堂称为"支粮庙"。据《澳门记略》所载，仁慈堂为"方便"居民弃婴，特意在门边设了个转斗，人们只要将婴儿放进里面，再拉响旁边的铜钟，就会有教士出来收养弃婴了。

仁慈堂博物馆

从钱纳利等人所绘的图画可见，仁慈堂最早的建筑只有一层，顶上有个明显

仁慈堂博物馆内貌

的大三角楣。到18世纪中叶，大楼全面翻新，改建成新古典主义风格，并加建了拱廊。可惜该建筑于1893年被毁，后于1905年由一位意大利人主持，重建大楼，就是今天所见的模样。

目前，游客可由旁边小巷的侧门进入仁慈堂博物馆参观。值得一提的是，侧门往前一点就是仁慈堂附属的咖啡店，参观累了的游人不妨入内，享受一下土生葡人的咖啡美点。

进入仁慈堂博物馆，迎面便是贾耐劳主教的头像。这个头像原本放在仁慈堂正立面三角楣顶上，后移放在这里。

《澳门仁慈堂章程》抄本

经过铺了红地毯的楼梯上到二楼，便是博物馆所在。仁慈堂博物馆于2001年年底开幕，珍藏了三百多件天主教祭器用品和有关仁慈堂的历史文物，包括印有耶稣会徽号的陶瓷器皿、仁慈堂的历史文献《澳门仁慈堂章程（1627年版）》手抄本、白马行医院的铜钟、天主教的一些祭器用品和圣像等文物，充分反映了天主教在亚洲活动与其衍生的文化特色。

比如那些陶瓷制品，大多数是传教士到中国内地传教时于景德镇订制的，当中一个展品，就体现了中西文化交流时的"误读"情况。这个展品位于靠近门口的展柜里，上面印了错体的耶稣会会徽，这是由于当时国人不懂外文，将耶稣会会徽上的JHS（有时作IHS，意即救世主耶稣）三字，左右倒转成SHJ，成为别具价值的珍品。

此外，展厅中央的《澳门仁慈堂章程》手抄本，由当时的书记员曼努埃尔

（Manuel Godinho de Sa）命人抄写于1662年，是仁慈堂最早期、保存最久的一份历史文献，其首页宗教人物图案为手绘作品，非常珍贵。这份《章程》内容仿里斯本仁慈堂章程而略作修改，共37章，有序言，可谓仁慈堂的"行动纲领"。

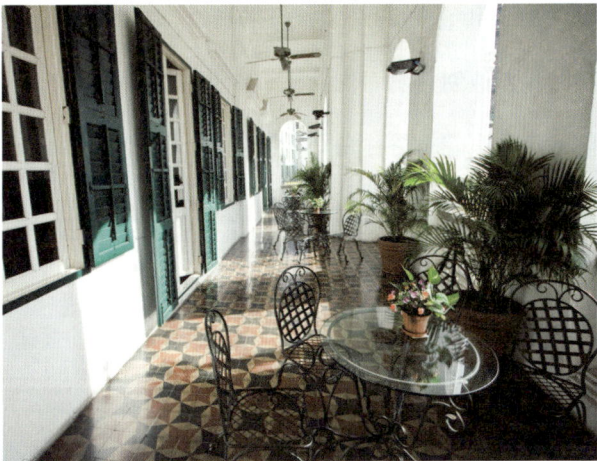

面向议事亭前地的外廊

《章程》于1627年1月通过，但其原件可能已破损，不知所在。

　　经过博物馆入内，便是仁慈堂值理会的会议厅和办公室了。这个会议厅古色古香，典雅温馨。墙壁四周挂满了对仁慈堂有贡献人士的照片和画像，游客第一眼会看到的，便是对面墙正中的贾耐劳主教的全身画像，画像底下还有其头颅遗骨和陪葬品十字架。其画像对面便是梅罗普夫人（Marta da Silva Merop）画像。

深度解码（十四）

贾耐劳的功绩

　　仁慈堂的创办人贾耐劳（D. Belchior Carniero Leitão SJ, 1516—1583）为葡萄牙人，1543年加入耶稣会，曾任埃武拉学院（the College of Evora）首任院长。1555年，贾耐劳获教宗委派为非洲埃塞俄比亚（Ethiopia）辅理主教，惜无法前往，乃转往印度果阿服务。

1568年，贾耐劳受命前来澳门，在此开创中国慈善及医疗服务事业的先河。1569年，他创立澳门仁慈堂，专办慈善救济事务；同时创办中国土地上最早的西医院圣辣非医院（俗称白马行医院），以及麻风病院。据贾耐劳主教1575年写给耶稣会会长的信中说："我刚一到此，便开了一间医院，收容很多基督徒和异教徒为病人。"可见他的慈善服务是无分宗教信仰的。

1576年，澳门教区成立，由于教宗委任的葡籍主教不肯来澳就任，澳门教区的教务工作便由贾耐劳署理，直至新委任的主教于1581年莅澳就职为止。因此，许多人便称贾耐劳为澳门第一任主教。

贾耐劳退任后，居于当时位于圣安多尼堂旁的耶稣会会院，直至1583年8月19日于澳门逝世。其遗体最早葬于大三巴圣保禄教堂，后移骨殖到大堂。

贾耐劳主教画像，其下为其头骨（陈显耀摄）

传奇女子梅罗普夫人

　　仁慈堂二楼会议室大厅里，在贾耐劳主教画像的正对面，有一幅梅罗普夫人（Marta da Silva Merop）的画像，是到此一游的人必须要看以至了解的。

　　从画像可见，梅罗普夫人不像是个外国人。事实上，她是个中国弃婴，于1760年代被仁慈堂收养。长大之后，她认识了梅罗普（Thomas Kuyck van Mierop），他是英国东印度公司澳门分公司的大班。两人谱下一段异国恋，共偕连理。梅罗普夫人从丈夫那里学会了经商手段，并且很快开创了自己的生意。根据文德泉神父研究，梅罗普其后患病，要回英国治疗，并立下遗嘱，留下一万英镑及位于医院街的房子给夫人。梅罗普夫人利用丈夫的遗产，购买了一条船，从事海上贸易，并且很快就积累

梅罗普夫人画像（网络照片）

大量财富，成为当时澳门最有钱的女人。

虽然生财有道，但梅罗普夫人绝不吝啬，反而慷慨好施，生前已积极行善，捐献了许多钱财给教会甚至政府。1828年3月8日，梅罗普夫人去世。临终前，她解放了所有奴隶，并留下遗嘱，将财产捐赠给各个机构，其中仁慈堂获得两万元。仁慈堂为纪念她，便将其全身画像挂于会议室墙壁正中，以缅怀其功绩。文德泉神父据文献介绍说，这幅梅罗普夫人画像是由一个叫和呱（Vo Qua）的中国画家画的。"呱"是当年对广州外销画家行号的称呼，据说Qua来自葡语Quadro（绘画）。其时最受欢迎的外销画家便是钱纳利的学生林呱。

梅罗普夫人的事迹可说是华人妇女的传奇。一个中国女弃婴被葡人慈善机构收养，并在其教育下成长；再结识一个英国大班，缔造了一段异国恋；更在当时阶级森严、男女地位不平等的情况下，闯出了自己的一番事业天地，可说是中国妇女解放的先驱了。

事实上，由于其传奇色彩浓厚，长居香港的英国作家科茨（Austin Coates）据其事迹写出小说《失约之城》（*City of Broken Promises*），此书已有中文译本，有兴趣的读者可以一看。

十 三街会馆（关帝古庙）

华人商贾议事之地

澳门的议事亭前地，可谓闻名遐迩，无人不识。然而，在议事亭前地旁边的公局新市南街里有一座三街会馆，却不是人人都知；知道这座三街会馆，但了解其历史背景，尤其是它当年曾是中国官员莅澳驻节办公的地点，相信更是少之又少。

现在，就让我们重回历史现场，走进这座当年官商议事的重要会馆来了解一下。

三街会馆正立面（陈显耀摄）

创建历程

三街会馆始建于何时，目前没有确切记载。据馆内现存乾隆五十七年（1792年）《重修三街会馆碑记》所说："前于莲峰之西，建一妈阁，于莲峰之东，建一新庙，虽客商聚会议事有所，然往往苦其远，而不与会者有之。以故前众度街市官地旁，建一公馆，凡有议者，胥于此馆是集，而市藉以安焉。"也就是说，会馆的建立是在新庙（即莲峰庙）创建之后的。莲峰庙（当时叫莲蓬山慈护宫）鼎建于雍正元年，即1723年。那么，三街会馆的创建年份应该是在1723年后了。

从上述的碑文内容可知，建筑三街会馆，是为"客商聚会议事"之用的。原来，最早期华人商户是在妈阁庙、莲峰庙两地聚会议事的，但由于这两个地方都远离他们做生意的营地街市，商人们便就近在街市旁建筑此馆。

那么，这些商人在会馆内聚会，到底议些什么事呢？据会馆内道光十五年（1835年）的《重建三街会馆碑记》说："华人商贾，所以通货财，平竞争，联情好而孚众志者，亦不可无地以会之，此三街会馆之所由设也。"原来，这个三街会馆作用多多。它既是商人们互通商业消息的信息中心，又是碰到商业纠纷时的仲裁中心，更是商人聚会联谊的活动中心，一身兼多职，可以说是当时澳门华商的大本营。

修葺重建

三街会馆落成之后，经历过多次修葺以至重建。

最早的一次应该是乾隆五十七年（1792年）。据当年重修碑记所载，由于会馆"乃经世远岁增，墙壁倾圯，栋桷崩颓，凡客若商，入而睹斯馆者，莫不以风雨漂（飘）摇为憾。爰集澳中董事高议，群相踊跃，乐为捐赀，一时用鸠工人，少变其局而改创之，高其垣埔，广其坐次，约数月而告竣工"。即是说，经过岁月摧残，会馆已经变得破烂不堪，不能抵挡风雨了，于是当时的董事便筹款修葺，稍稍改变了内部格局，又加高了墙身，增加了座位。这是第一次修葺。

第二次是在嘉庆九年（1804年）重修，原因也是由于会馆破落，"风坠其檐，雨零其桷，鼠穴其墉"。与上次不同的是，这一次重修会馆内部没有什么更改，可能只是修补漏洞破损而已。

第三次则是在道光十五年（1835年）之时，不过，这一次不是重修，而是重建。现存馆内的《重建三街会馆碑记》，并没有解释重建的原因，只说筹集了一千多元的资金，用了一年时间完工。这次重建最大的不同，是在会馆旁边另建了一座"阖澳公所"（今改为营地街市鲜鱼福利会）。建这座公所的目的，是为"讲信修睦"，估计也是联谊聚会的地方；而且，从"阖澳"两字可见，这座公所是供当时全澳华人市民所用的。用现代的话来说，这个"阖澳公所"应该是最早的澳门街坊总会了。

会馆内香烟缭绕，古朴肃穆

三街会馆再一次重修在同治二年（1863年），其旁边的阖澳公所则是重建，公所内现有《重建阖澳公所碑记》，可资证明。

在百多年之内，三街会馆经历四次修葺、重建，"每修必踵事增华"，以至"制日益备"，形成了今天的规模。遗憾的是，此后会馆并无重大维修的记录，一直要到澳门回归之后，特区政府文化局拨款修葺，会馆为之面貌一新，美轮美奂。

从会馆到关帝庙

今天的三街会馆又称"关帝庙"，其庙门正上方也写有"关帝古庙"四字。其实，这是后加上去的。

不过，三街会馆内的确早就供奉着关帝神像。乾隆五十七年（1792年）会馆第一次重修，据当时一份官方文件所说"地角会馆一座，经三街铺行起建，立有关帝

会馆内供奉关帝，逐渐演变为关帝庙

神座"云云，可见三街会馆内供奉关帝，至今已有二百多年的历史。

关帝是中国著名的民间神祇，象征正义神勇。三街会馆是商人仲裁纠纷的地方，请关帝来主持正义，维护公道，实在是最合适不过了。

不知是否因为馆内的关帝神灵昭著，反正越来越多人前往参拜，以至人们把会馆当作了神庙。到道光十五年（1835年）第三次重修时，其重修碑记便写道："神灵赫奕，庙貌辉煌，旁设公所。"从这句话可以知道，当时的三街会馆应已具备了庙宇的规模与性质；至于商人们的聚会议事，有可能转移到旁边的公所内举行了。

今天，旁边的"营地街市鲜鱼福利会"还保留着商人聚会场所的性质，成为当年三街会馆创设目的的历史见证，会馆本身已彻头彻尾地转变为一座小型庙宇，神灵显赫，香烟缭绕，不复见当年商人巨贾的身影了。而且，庙内除供奉关帝外，另奉财帛星君和太岁星君。

中国官员临时办公室

乾隆五十七年（1792年）三街会馆第一次重修时，曾经引起澳门葡人的惊慌，他们以为中国官方要在这里建衙门，竟然多次向当时管理澳门的香山知县许敦元提出拆去的要求。许敦元收到葡人请求后，除斥责葡人大惊小怪，重申澳门乃中国领土，官方在澳门要建什么房屋，不容葡人阻止外，同时向他们解释，这次只是重新修葺会馆，同时加建厢房一间，"以为通（遇）事临澳稍驻办公之便"。由此可见，三街会馆不仅仅是商人议事的场所，也是中国官员来澳门时的临时办公室。中方官员之所以设这个办公室，是因为当时的县衙远在翠微，不便就近管理澳门事务，因此特别在市中心地带加建临时办公室，"凡地方烂崽匪窃、赌博等类，可以就近查拿，即尔等（指葡人）账欠等项事故，亦可就近禀求清理"。可见，中方是为处理公事的方便而设这临时驻节地点的。

十一　玫瑰圣母堂

市中心的教堂

位于澳门市中心板樟堂前地的玫瑰圣母堂，因为地利，更因为其鲜黄的色彩、精致的建筑，吸引众多游客在门前留影和入内参观。

如果你平日已被这座教堂的典雅魅力深深吸引，那么，每年的5月13日，你更加要来玫瑰堂——著名的花地玛圣母巡游会在这天的黄昏时分出发。

创建历程

1587年，三位西班牙籍的道明会（圣多明我会）会士由墨西哥前往马尼拉，途经南中国海时，船遇海难沉没，三位会士获救，经广东辗转来到澳门，并在这里创立了道明会的教堂和会院。这是该会在中国的首个基地。

玫瑰堂与澳门其他教堂有一个显著的不同，就是选址在市中心，紧靠着街市，与其他教堂设在山冈小丘等僻静之处形成对比。原来，当年会祖圣道明创会时，便明确选择以城市居民为服务对象，因此澳门的玫瑰堂便设在市中心，方便就近服务市民。

16世纪90年代，道明会在澳门逐渐扩充，以木板搭建了教堂和会院，其占地直到今天的卖草地街；会士们在会院内办了一所公学，教人读书写字，还教拉丁文，到1820年才结束。

玫瑰堂经过多次维修重建。它先是在17世纪被改为砖木结构，奠定今天的雏形；至1828年，教堂重建。不幸的是，1835年时澳葡政府奉葡萄牙命令，解散澳门各

巴洛克风格的主祭坛

玫瑰堂主立面有着天主之母教堂（大三巴牌坊）的影
子，加上巴洛克式装饰，显得瑰丽雅致（陈显耀摄）

个教会，会士被迫离澳，会产充公拍卖；道明会也难逃此劫。其会院曾先后被用作军营、消防局、公务局、电话局、警署；更甚者，因院舍年久失修，1920后政府干脆将其出卖，被拆去建成民房，即今天卖草地街口至旧新闻局大楼的位置。昔日的院舍，只剩下教堂右边与其相连的走廊。所幸的是，教堂得以保留。1835年台风吹毁主教座堂（大堂）之后，玫瑰堂更一度被用作主教座堂，至1850年大堂修复启用为止。

20世纪90年代后，玫瑰堂曾多次重修，面目为之一新；其后座钟楼于1997年维修后被开辟为"圣物宝库"，楼高三层，收藏了三百多件天主教艺术精品，包括木雕、圣像、油画、圣器等。澳门回归后，当局对玫瑰堂进行适度改造，变成一个音乐艺术表演场地。每年的澳门艺术节和国际音乐节期间，均有多场演出在此举行，美妙的歌声乐声飘荡于古老教堂的梁柱之间，直似天国之音下凡，不知身在人间。

瑰丽堂皇

玫瑰堂屹立在澳门市中心繁华地段，成为每一个过路人不能忽视的焦点。其鲜黄色为主的立面、白色的灰塑花饰、绿色的百叶窗，既构成一幅典雅精致图案，更增添几分欧陆色彩。

进入教堂内，两列石柱将教堂分成三大部分。教堂顶端是由四条具巴洛克色彩螺柱组成的主祭坛，黄白相映，华丽中透着庄严。祭坛顶部是耶稣圣心图案，底下是圣母抱着圣婴（耶稣）端坐宝座之上，两旁分立着两位圣人。值得注意的是，圣母像下一个白色底黑色十字架的徽号，这便是道明会的会徽；其中，黑色象征忍耐，白色代表贞洁。

主祭坛中央是圣母抱圣婴像，上面黑色十字是道明会会徽

银制圣母及圣子像肩舆，制于1689年，造工精致，雕刻细腻，可谓圣物宝库的镇馆之宝

圣奥斯丁画像，有三百多年历史

主祭坛顶上的"万福玛丽亚"徽号　　　　　　花地玛圣母像

　　站在主祭坛前，观众的眼睛会不由自主地被天花顶上一幅大型花饰图案吸引，这是玫瑰圣母兄弟会的纹章，中间的图案其实是由A.M.（万福玛利亚）两字重叠构成。

　　一如其他教堂，玫瑰堂两侧还有许多小祭坛。游客到此不能不参观的，是面对主祭坛左侧的小祭坛里供奉的花地玛圣母像，它便是每年圣母像出巡时的主角了。

深度解码（十六）

花地玛圣母巡游

　　花地玛（Fátima）是葡萄牙中部的一个城市。1917年5月至10月，三个牧童声称在该市附近的空地上空见到圣母玛利亚，并且向他们透露了三个秘密。他们总是在每月的13日同一时间见到圣母。花地玛因此成为天主教著名的朝圣地。

据那三个牧童称，圣母显现时会自称"玫瑰玛利亚"，因此又称"玫瑰花地玛圣母"（Nossa Senhora do Rosário de Fátima）。

1929年起，澳门教区主教批准把花地玛圣母像供奉在玫瑰堂中，供信徒敬奉；每年的5月13日前，玫瑰堂会举行9日敬礼；13日当天下午更会举行盛大的圣像巡游，是澳门闻名遐迩的天主教节日活动，极具特色。

巡游于下午6时许开始，先在玫瑰堂内举行奉献典礼、圣体降福及葡语弥撒，随后将花地玛圣母圣像由身穿白衣、头戴白纱的圣母元后团女团员抬着，以玫瑰堂为起点游行，沿途歌唱圣诗，念诵祷文，经南湾及西湾往西望洋主教山小堂前地。游行队伍尾端会跟着三个牧童打扮的小孩，以纪念当年花地玛圣母向三个牧童显灵的奇迹。这条路线是现存圣像出巡活动中最长的，因此当到达主教山时已是黄昏日落时分，巡游队伍手持蜡烛游行于山上，宛似一条火龙，场面既壮观又肃穆，充满了神圣气氛。

2006年的花地玛圣母出游活动，更吸引了菲律宾前总统阿基诺夫人前来参加。

圣母像出巡离开教堂门口，观者争相拍摄留念

圣母像在夜幕下巡游

圣母像由身穿白衣的信众抬着巡游（陈显耀摄）

十二 圣保禄学院天主之母教堂遗址
（大三巴牌坊、前地及石阶）

澳门文化之体现

　　大三巴牌坊，相信是澳门最为人熟悉的建筑物，亦是无可争议的澳门象征，每年吸引着千万游客前来参观。但是，大三巴牌坊亦可能是世人最不了解的澳门形象。因为，许多游客只是兴致勃勃地在它前面拍照，留影过后，对这座教堂前壁上丰富瑰丽的象征细节却匆匆略过，无法体会其中西文化交融的特色；而这特色，恰正是澳门作为中西文化交流桥头堡的体现，也是大三巴牌坊当之无愧为澳门象征的原因。

天主之母教堂正立面，因形似中国牌坊而被华人称为"大三巴牌坊"

牌坊顶层，主题是"天主创造宇宙"。中间的鸽子象征天主，左右两旁的星星、月亮、太阳象征宇宙

牌坊第二层，主题是"人类的救赎"。耶稣为使人类洗脱原罪，献身十字架。中间是耶稣铜像，其手上原捧着一个地球仪；左右两旁均是耶稣受刑时的刑具。两旁有天使捧着十字架和支架的木柱

牌坊第三层，主题是"圣母的慈爱"。圣母为受苦难的人传递受苦的信息，并保佑他们。这层是整个牌坊最精彩的部分。中间是圣母像，石龛的周边饰有花边，四周是天使演奏乐器庆祝圣母升天，留意天使脚下是中式祥云，体现牌坊中西合璧的建筑艺术

牌坊第三层的雕刻。这层共有三组刻有中文字的雕刻，从左到右，分别是"鬼是诱人为恶""圣母踏龙头""念死者无为罪"。其中圣母踏的是一头七头龙，在《圣经》中七头龙象征魔鬼和邪恶

牌坊第四层，主题是"使徒的使命"。这层立了四位耶稣会传教士的铜像，包括耶稣会创办人罗耀拉（左起第二位）。图为有"东方宗徒"之称的圣方济各·沙勿略，他是第一位到远东传教的耶稣会士

牌坊底层，这层中间大门上刻有教堂名称MATER DEI "天主之母"，左右两旁门上有耶稣会标志 IHS

天主之母教堂

随便问一个来澳游客："你去过天主之母教堂吗？"相信许多人会丈二和尚摸不着头脑，不知它在何处。不要说外地游客，即便是澳门本地人，也不一定听过天主之母教堂这名字。但如果问："你去过大三巴吗？"这可能连小孩都会给出肯定的答案了。其实，两者是同一个地方。

许多人都知道澳门大三巴牌坊是一间教堂的前壁遗址，其名称来源由两部分组成："三巴"是华文古称，来自葡文Sao Paulo（圣保禄）的音译；牌坊则因教堂遗址前壁形似中国牌坊，华人有此称呼。但是要注意：大三巴不是这间教堂的名称。

那么，这间教堂叫什么名字呢？有人会答：圣保禄教堂。也不正确。

这答案来自一个误会。因教堂昔日与圣保禄学院相连，许多人便顺理成章地将教堂称为圣保禄教堂。这其实是不对的。

这间教堂的正式名称刻在其立面正中的大门上：MATER DEI，这是个拉丁文，译成英文是"Mother of God"，中文就是"天主之母"或"天主圣母"，这是天主教

从奠基石往上望，顶部刻有一个人像浮雕，据传是教堂设计者斯皮诺拉（Caki Spinola）神父头像

被玻璃罩保护的奠基石

对圣母玛利亚的称呼。比如《圣母经》的拉丁文版有 "Sancta Maria, Mater Dei" 之句，译成中文就是"天主圣母玛利亚"。

之所以要介绍教堂的正确名称，是想说明这间教堂是奉献给圣母玛利亚的；如果将它称为圣保禄教堂，会令人误会教堂是奉献给圣保禄的。这情况就好比中国人的天后庙跟关帝庙，供奉的是两位不同的神祇，不能混淆。

天主之母教堂还有另一处拉丁文石碑保留至今，那就是位于教堂立面左侧墙脚下的奠基石，上书："VIRGINI MAGNAE MATRI CIVITAS MACAENSIS LIBENS POSVIT AN. 1602"中文意即："献于童贞圣母，澳门社区以其自由意志奠基，公元1602年。"这块奠基石应该是澳门最古老的一块文物了，所以目前有关当局以玻璃罩保护着，免其受日晒风吹雨打的侵蚀，做法值得肯定。

早在天主之母教堂建筑前，其址于1580年已建有教堂，但于1598和1601年先后两次失火，教堂所属的圣保禄学院于是筹建一座大教堂。其时，正值葡人经营的中日贸易航线黄金时期，澳门葡人获得巨额利润。据当时的记录称，葡人答应教会："如果主保佑从日本归来的船只平安，他们就决定将他们在日本所有财产的百分之五捐献出来。"因为有强大的资金后盾，学院于是在1602年正式奠基建造新教堂，其正面前壁（即今牌坊），要到1637或1640年才完工。

教堂被焚的时人记录

整个教堂建筑华美，英国旅行家彼得·蒙迪（Peter Mundy）于1637年参观过教堂后描述："教堂屋顶是我见过最漂亮的拱形建筑。中国人巧夺天工。木制雕刻以新奇古怪的红、蓝等色彩勾画得美轮美奂。整个穹窿为若干四面体，而每个四方形之间以巨大玫瑰花或绿叶重叠相连……"叫人扼腕叹息的是，如此漂亮的一座教堂，却在1835年随旁边的圣保禄学院一起难逃火劫。

钱纳利于1834年绘画的圣保禄学院和教堂素描，3个月后，学院和教堂毁于火劫，这幅画可说是"遗照"

1835年2月出版的《中国丛报》第三卷第10期中，报道了教堂被焚毁的过程："在上月29日大约下午6时半，在（澳门）圣保禄教堂之上炮台鸣炮，发出火警警报。火警信号很快由其他炮台的炮声、教堂敲响的钟声和击鼓回应。当局和军队及许多澳门市民立刻就采取了行动。但是，除开那些在教堂附近的原因外，还有一些值得怀疑的、引起教堂失火的原因。这里的天气情况是烟雾不能直升，而是被一股西北向的微风吹向东南，整个城市的东部都笼罩在烟雾里。但时间不长，在明火冲上屋顶之前，留下毫无疑问的一点，即火灾在何处发生。所有建在教堂左翼，以前由神父居住，最近由葡萄牙军队使用的公寓，马上亦燃烧起来。……在8时之前，大火烧到了建筑物的最高部分及大神坛后部的屋顶。浓烟夹着明火从四周的窗子里冲出来，通过屋顶升起，一派可怕的景象。火苗升得很高，整个市区及内港都能看见。"可能是火乘风势，在短短两个小时内，学院及教堂就被烧成一片颓垣败瓦，只有教堂前壁屹立不倒，成为遗址。

圣保禄学院培养日本传教士

与天主之母教堂毗邻的是圣保禄学院。耶稣会士早在1571年就开办了澳门第一所小学，亦是天主教会在华的第一所西式学堂，但地点应在今圣安多尼堂附近。直到1593年，耶稣会总会长才批准在澳门成立一所欧洲式的学院，翌年的12月1日，澳门仿葡萄牙科英布拉大学制度，成立圣保禄学院，是为中国境内第一所西式大学。

许多资料都说圣保禄学院是远东第一所大学，但其实早在1542年耶稣会已在印度果阿创办圣保禄学院，1581年亦在日本创办府内神学院。

到1623年，日本神父Paulo Cristovao出资白银三千两，在学院内另建圣依纳爵神学院，重点培养在澳门的日本天主教徒。这样，圣保禄学院实际上包括两所学校，一是专为澳门本地人、葡萄牙人子女开办的初修院，二是为日本传教士开办的圣依纳爵神学院，而培养中国传教士只是在初修院和神学院兼而为之。

学院里的中国学生

李向玉教授在《澳门圣保禄学院研究》中指出，学院在1594年时有教授阅读、写字的儿童学部，文法学部，人文学部，伦理神学部，到1620年新设日语；此外尚有天文历学课程，并重视神学教育与实践。因该校以培训赴日之传教士为主，故课程并无中文作主修或必修课，只可视作选修。至于学院之师生，据现有记录，正式住校人数刚开办时仅19人，最高峰期不超过百人。

学生当中，包括中国著名画家吴渔山（1632—1718），他于康熙十九年至二十二年（1680—1683）在圣保禄学院学习。吴氏神学造诣深厚，更以诗文、书画见长，流传于世的诗歌作品，尤以《三巴集》为在澳门学习期间所作而著名，系迄今记录圣保禄学院历史最珍贵的中文资料。另有一位是吴渔山的好友陆希言（1631—1704），他们同时来澳；陆希言所撰的《墺门记》，描述了澳门的教堂、修会及炮台，是研究澳门历史的第一手资料。

遗憾的是，由于耶稣会与葡萄牙王室交恶，葡王下令关闭耶稣会，澳门的两所耶稣会学校——圣保禄学院和圣若瑟修院，于1762年7月5日遭澳葡当局查封，24名耶稣会士被捕。圣保禄学院交市政厅管理。1776年，学院部分附属房屋遭政府拍卖。到1811年，学院被改为军官宿舍；后三年，改为兵营，用于驻军；至1831年，王子兵营进驻圣保禄修院；1835年1月29日，兵营起火，学院建筑严重损毁，其旁的教堂亦受波及，烧至剩下前壁。

（十七）

澳门与日本天主教

许多人都知道澳门是西方宗教传入中国的桥头堡，但其实澳门与日本的天主教传播也有着千丝万缕的关系。1576年1月澳门教区成立时，其辖区范围便包括朝鲜、日本及附属各岛，可见两者的深厚渊源。

1549年圣方济各·沙勿略于鹿儿岛建立首个日本天主教传道会，开始时进展不俗，还吸引了一批王公贵族为教徒，后来却被官方禁止。1587年，丰臣秀吉颁布首个驱逐耶稣会士的法令，但没被严格执行；至1597年2月5日，26名日本及外国传教士被丰臣秀吉下令于长崎烧死；1612年日本幕府将军下令限制传教，两年后扩至全国。其时，许多日本天主教徒逃亡至澳门，并参加了天主之母教堂（大三巴）的兴建；许多在日本被迫害致死的教徒的骸骨，现存牌坊后的墓室里。

十三 大炮台

中国现存最古老的炮台群之一

这一座炮台，曾经发炮击退荷兰人的进攻，保住了葡萄牙人在澳门的利益；

这一座炮台，曾经是澳督的官邸所在，时间长达百年；

这一座炮台，曾经是整个澳门城防系统的核心堡垒；

这一座炮台，今天是世界文化遗产的一部分，也是中国最古老炮台群的一员；

它，就是澳门著名的大炮台！

大炮台正面俯瞰，可见到澳门博物馆（陈显耀摄）

总督霸占炮台

1623年5月的一个晚上，澳门圣保禄学院所在的山头炮台上非常热闹，因为刚来不久的澳门第一位常驻总督（兵头）马士加路也（D. Francisco de Mascarenhas）前来探访这里的耶稣会会士们；似乎为了显示总督的派头，他带了比平常更多的随从，耶稣会士虽觉有异，但也不便拒绝。

宾主双方谈得很投契，因为直到夜深，总督还没有离开的意思。他们倾谈的内容，一定包括一年前耶稣会士英勇击退荷兰军队的骄人事迹。

那是1622年6月22日，荷兰军队派出14艘战舰在海上包围澳门，企图取葡萄牙地位而代之。到24日这天，他们正式发动进攻，并且已攻陷凼狗环的阵地，挺进至东望洋山下。面对入侵，葡人当然不甘就范，可惜当时城内只有三百多人的兵力，于是连做奴隶的黑人也被派上战场。在葡荷双方军队对垒之际，圣保禄学院里的耶稣会士也加入了保卫战。他们来到山顶自己修建的、尚未完工的炮台上，凭借丰富的军事知识，熟练地指挥大炮发炮还击。突然，一座由罗雅各布（Jeronimo Rho）神父指挥的大炮远远射中了荷军弹药罐，弹药罐随即起火，荷军顿即慌乱。

大约1905年时的大炮台雄姿，尚可见与其相连的城墙（澳门档案馆藏）

此时，葡人得知荷军已无火力支持，立即冲下山进攻，荷兰人节节败退，落荒而逃至船上。葡人成功地保护了自己在澳门的利益，耶稣会士也在这场保卫战中立下大功，当中包括日后在中国非常著名的意大利传教士汤若望（Johann Adam Schall von Bell）。

好了，总督大人终于说要回去了。出于礼仪，耶稣会士都出来相送。当人群走出大门口，神父们正要跟总督说再见时，没想到，总督的随从却把守住门口，总督也转身走入门内，随后关上大门，剩下那些不知所措的耶稣会士在顿足不已——由他们始建的炮台，已被总督霸占了。

澳门防御系统核心

这座由耶稣会士始建的炮台，就是今天闻名遐迩的大炮台。它其实该叫蒙特炮台（Monte Fort），可是由于它在军事上的中心地位，人们干脆以"大炮台"称之。

耶稣会士于1617年开始修建这座炮台，马士加路也占去后，扩建及完善炮台设施，于1626年正式完工。据博卡罗（António Bocarro）《东印度要塞和城镇》一书中的描述，其时大炮台的大门朝南，有一个宽敞的房子用于储存炮弹、引信、导火索、火药等。在上层的地面中央，有一座三层的塔楼（于1775年前被拆除），每一层都装备火炮。在地面边缘有四排房子，其中一排是兵头（总督）和其军官的住宅，另外三排则是军曹和士兵的宿舍。这一层地面通过营房两侧的两个台阶与入口处的地面连接。

马士加路也为防范荷兰军队再次入侵，在"天主圣名之城"周围大肆兴建城墙及炮台，至1632年，整个澳门城除西部内港外，北部、东部

大炮台入口小龛内的圣母子像

大炮台上的大炮（陈显耀摄）

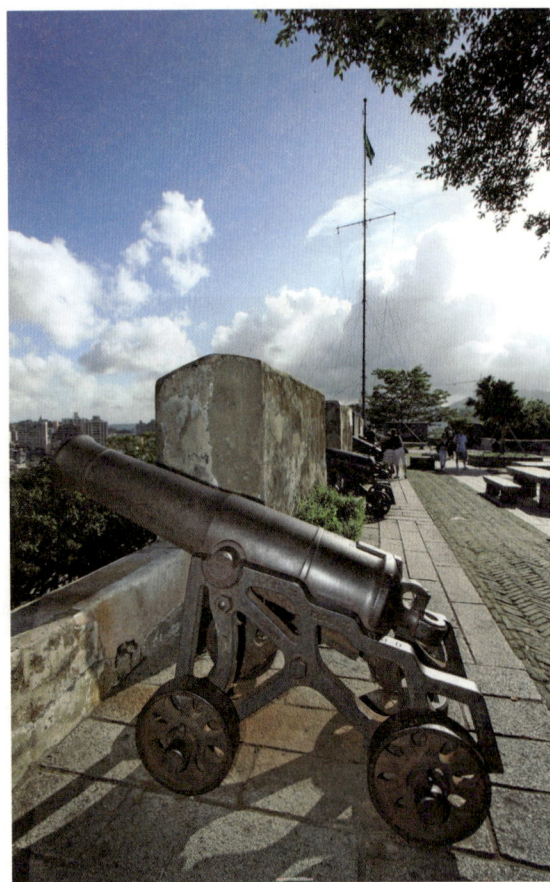

现存的大炮是英国制造的

及南部均建有城墙，并于诸要塞处建置炮台，使澳门成为一座军事防范严密的城堡；而这座城堡的防御核心便是大炮台，与其他炮台一起，构成一个覆盖东西海岸的炮火防卫网。大炮台内备有水池及军需库，据说可以应付长达两年的包围。到1749年为止，大炮台一直是澳督的官邸所在，最后一位住在这里的总督是梅内泽斯（António José Teles de Meneses）。

大炮台的军事禁区角色为时长达三百多年，到1962年葡萄牙军队撤离澳门，1965年原营房位置被改建成气象台，翌年气象台迁入，大炮台才开放为游览区。1996年9月起，政府将气象台原址改建为澳门博物馆，1998年落成启用至今。

澳门王家铸造场

龙思泰在其著作《早期澳门史》（1835年出版）中表示，曾在大炮台上看到著名葡人铸炮师博卡罗于1621年铸造的大炮，但根据金国平先生《澳门博卡罗铸炮场之始终》一文的研究，大炮台最早的大炮是由中国人铸造的，1623年12月13日总督马士加路也曾与华人签订铸造铁炮的合同；该合同以葡语撰写，但为了不产生歧义，特别在合同中以汉语注明铸铁匠人的名字、条件、酬劳等资料。

至于博卡罗（Manuel Tavares Bocarro），是1625年年中才由葡印总督委派到澳门的，1626年起掌管铸炮场。这间铸炮场名为"澳门王家铸造场"（Fundiçã Real de Macau），属王室机构，业主是澳门议事会；铸造场所需的原材料由王家财政局（Fazenda Real）提供，其产品亦由它经销。1630年前，主要生产铜制品，1635年左右才以铸造铁炮一举成名。这间铸炮场闻名遐迩，天主之母教堂立面（大三巴牌坊）上的铜像，便是该场出品。此外，明朝政府为抵抗女真入侵，也曾派人到澳门购炮。1656年，这个王家铸造场随着博卡罗举家返回果阿而终结。

今天游客在大炮台看到的大炮，已经是19世纪中叶由英国所制，也有一百多年的历史了。

（十八）

圣保禄与大炮台

大炮台正门入口上方有一块石雕，上三角，下四方。这块石雕透露着最少两个信息：大炮台落成年份与其建造者。

在石雕的下方，凸出一块扁长方形，文字虽经日晒风吹有些斑驳难辨，但细心一看，还可见上刻"1626"字样，这就是大炮台落成的年份了。

大炮台早在1617年已开始修建，其修建者不是军人，而是当时住在大炮台山下的耶稣会会士，证据便是石雕上面三角形雕刻的形象：耶稣会主保圣人圣保禄。

大炮台正门门饰,标明落成年份"1626"（陈显耀摄）　　左手持书、右手持剑的圣保禄雕像

圣保禄是耶稣升天后向其显现并亲选的使徒,是天主教史上仅次于耶稣的重要人物。他主要在非犹太人的所谓"外邦人"中传播福音,有"外邦人使徒"之称;后被罗马皇帝尼罗斩首。他是传教士的主保圣人。

耶稣会会宪中写明:"我们的使命是奔赴世界每一个角落;哪里更希望有人为天主效劳,哪里的灵魂更期得到帮助,我们就生活在哪里。"这一点恰正是继承圣保禄的精神。

在西方艺术中,圣保禄的形象基本上是一位秃头长须者,以持书或书卷(作为外邦人使徒)或持剑(其刑具)为标志。大炮台正门上方的圣保禄,正是左手持书、右手持剑的长须者。

十四 哪吒庙

中葡民众共祀哪吒

你可能没读过《西游记》《封神演义》，但你一定认得他：手提火尖枪，脚踏风火轮，臂套乾坤圈，腰围红色混天绫，背负豹皮囊，囊中有金砖一块——他便是家喻户晓的哪吒三太子！

每年农历五月十八是哪吒宝诞，三太子将会出巡澳门，绕境巡游，消灾解难，伏妖除魔，保我镜海平安。

请做好准备，迎接哪吒驾到！

柿山哪吒庙

澳门有两间哪吒庙，分别位于柿山斜巷和大三巴牌坊侧。

最古老的，应是柿山哪吒庙。据庙内石碑及对联可知，该庙创建于清初，但虽有庙名，却无庙实，只是座里面供奉着哪吒的小石龛；由于无瓦遮头，即使日晒雨淋，信众也得抵着艳阳，冒着冷雨来参拜，非常不

柿山哪吒庙内貌

柿山哪吒庙外貌

便。于是，在其创建两百多年后的光绪二十四年（1898年），信众筹款集资，在原石龛外加建一个亭子，用以遮阳挡雨，形成了今天的庙貌。

为什么在柿山地区会有哪吒庙呢？笔者看到两个创庙传说。

一个据王文达先生《澳门掌故》记载，说是柿山地区原来种了许多柿树，因此得名。附近小孩在柿林里游玩，经常见到一个头顶丫髻、身着肚兜的小孩出现，带领众童嬉闹，虽然山坡陡峭，却从无小孩跌伤事件发生。某日，那个小孩跟其他小朋友道别，说没空再来了，许多居民看到他脚踏风火轮离开，便说是哪吒显灵，坊众在他曾经站立的石头上供奉其像来祭祀。

另一个据《柿山哪吒古庙扩建百年纪念特刊》载，说几百年前的某个深夜，有个葡籍女士在今庙址位置看到一个小孩在石上玩耍，那小孩头上梳着两髻，身穿红肚兜、小短裤，赤脚。那葡妇看着已经夜深，便想上前劝那小孩早点回家，哪知小孩却霎时间不见了踪影。后来葡妇向街坊说及此事，人们从小孩打扮推算这应是哪吒显灵，便立庙祀奉。

笔者认为第二个传说非常有意思，因为故事中哪吒竟是向一位葡妇显灵，那岂不是说明澳门不仅中葡人民和谐共处，就连神灵也无分种族，平等共享了吗？

大三巴哪吒庙

要说体现中西文化的共融，另一个哪吒庙也是非常典型的，因为它正位于澳门著名的大三巴牌坊侧。该庙创建于光绪二十四年（1898年），与柿山哪吒庙扩建亭檐同一年。那时候，原天主之母教堂已遭火烧毁六十多年，剩下今天称为牌坊的前壁屹立不倒。

大三巴哪吒庙的创建，与当年一场波及粤港澳、死亡枕藉的瘟疫有关。1894年，粤港发生鼠疫，翌年，疫病传至澳门，死亡者达两万多人，弄致人心惶惶，纷纷离澳避疫。据说，正当疫病猖獗之时，柿山地区居民却幸免于难，此奇事一经传开，人们以为是哪吒显灵相助，便都到哪吒庙祈福求庇佑。当时，大三巴地区坊众与柿山哪吒庙商量，拟请哪吒分身到那里供善信参拜，可惜事情未果，大三巴坊众便自行另建哪吒庙。

大三巴哪吒庙内神像

大三巴哪吒庙庙门

大三巴哪吒庙（陈显耀摄）

不过，据大三巴哪吒庙的资料，却说当年大三巴地区疫情惨重，人人苦无对策，只能祈求神灵庇佑。某善信梦见有个孩童脚踏风火轮，从天而降，向对面山上的溪水施法，叫该善信通知邻居去那里取水饮用，疫病自会痊愈。坊众取水来饮，果然有效；邻居的一些葡籍人士知道后，也去取用，亦都痊愈。大三巴坊众因而立哪吒庙以奉祀。

从这个故事得知，哪吒不但是消灾解难的神灵，更是沟通中葡人民友好的桥梁呢。

深度解码（十九）

哪吒宝诞

农历五月十八是哪吒宝诞，澳门两大哪吒庙值理会均会举行多日的盛大活动庆祝，包括贺诞粤剧表演及哪吒圣像巡游等。

柿山哪吒诞巡游队伍中小童打扮的哪吒（陈显耀摄）

哪吒诞时，大三巴哪吒庙在　　柿山哪吒诞巡游队伍　　　柿山哪吒诞张灯结彩
庙前设席联欢（陈显耀摄）

　　大三巴哪吒庙值理会在宝诞当日，先在庙前举行上香参神祈福仪式，随即组织
醒狮队敲锣打鼓护送哪吒太子銮舆乘车到澳门及离岛各区巡游采青。柿山哪吒古庙
值理会则会举行哪吒太子行宫圣尊巡游及抢炮活动，极具本土特色，沿途吸引大批
中外游客及居民驻足围观拍照，场面欢乐热闹。

早年的贺诞活动

　　柿山哪吒庙的贺诞活动，已有数十年的历史，主要由演戏、抢炮及抬神三个部
分组成。演戏方面，20世纪20年代是做木头戏，到60年代后改为做大戏（粤剧）。
抢炮之"炮"，不是鞭炮，其实是哪吒像，每个像背后都标有号码，那些供奉哪吒
的会馆或家庭，派出抢炮手来抢。为求取得自己喜欢的哪吒回去坐镇，各抢炮手奋
力争先，有时甚至会演变成武斗。至于抬神，则是活动的高潮，即抬着哪吒的行宫
出巡。行宫由八人大轿抬着，当年抬神者还必须是"花仔"（15至20岁之间的未婚
男子）。行宫前面，有醒狮做先锋，再有人抬着"肃静""回避"的木牌为先导；
随后的，还有担花篮、水桶的，扮哪吒仔的、仙女的，甚至有专人洒圣水。不过最
有趣的，应是有个人会拿着一根长丫杈，沿途高呼"快收衫啰！"若见高处有衣物

未收，便会用丫权取下。为什么要这样做呢？原来，哪吒圣像出巡时，沿途上空是不能有衣物遮挡的。

贺诞嘉年华

柿山哪吒庙的贺诞活动，1966年由于时局原因停办，1999年才告恢复，成为澳门一项极具乡土色彩的嘉年华式活动。整个巡游队伍由几百人组成，浩浩荡荡，阵容包括金咤、木咤、哪吒组成的童子阵，仙女散花及祭祀团体，澳港柿山结义堂派出醒狮、金龙护法，还有哪吒太子銮舆、罗伞、旗队等，联同十方善信随同哪吒太子圣驾出巡；沿途经过白马行、竹园围斜巷、水坑尾街、八角亭、约翰四世大马路、殷皇子大马路、新马路、营地大街、公局新市南街、关帝古庙、议事亭前地等，所到之处，均吸引大批中外游客及居民围观。抵达议事亭前地后，不少游客更争相与童子阵、小童扮演的哪吒及花女合照，场面欢乐热闹。

抬着哪吒圣像出巡的那座銮舆（轿），为光绪二十九年（1903年）由澳门泰昌店所造，至今有一百多年历史，保存完好。整座神舆金碧辉煌，雕龙刻凤，华丽精美，是澳门珍贵的文物。

金咤

金咤、木咤、哪吒组成的童子阵

十五 圣安多尼堂（花王堂）

月老圣人

"北隅一庙，凡蕃人男女相悦，诣神盟誓
毕，僧为卜吉完聚，名曰花王庙。"此载于18
世纪中叶出版的《澳门记略》上。

这间为两情相悦男女圆梦成婚的花王庙，
便是澳门三大古老教堂之一的圣安多尼堂。

让我们踏上一段浪漫的教堂之旅吧。

圣堂旧貌（约1930年）（澳门档案馆藏）

创建历程

圣安多尼堂的具体创建
时间已不可考。在葡人到达
澳门后不久的1560年左右，
现址已兴建一座用茅草搭建
的简陋圣堂，供葡人做礼拜
之用。到1638年，一座以石
头筑建的教堂正式屹立于
"天主圣名之城"西北边靠
近城墙的地方。今天在教堂
左面有一座石制十字架高高

圣安多尼堂正立面（陈显耀摄）

圣堂主祭坛

刻着"1638"的石制十字架

地耸立着,下面雕刻着"1638"字样,这是教堂创建时的遗物,是澳门珍贵的文物。

遗憾的是,这座教堂逃脱不了澳门所有教堂的宿命:遭火焚毁。圣多安尼教堂曾遭祝融光顾两次,毁了又建,建了又毁,然后再建,可谓"生命力"顽强。教堂这一页"坎坷"的修建史,在其正立面左下角的葡文石碑上记载得一清二楚。该碑文译作中文即:"(教堂)建于1638年,毁于1809年;重建于1810年,再次毁于1874年;重修于1875年。"其后,教堂于1930年改建钟楼和主立面,确定了目前的规模和面貌;1951年和1953年时再两度装修内部,特别是祭坛部分。

最杰出布道者圣安多尼

圣安多尼(Saint Anthony of Padua)是葡萄牙人,1195年生于里斯本一个贵族之家,1231年死于意大利的帕多瓦(Padua)。

安多尼原先入圣奥斯定会,后受圣方济各会会士的牺牲精神感召,转入方济各会,以祈到各地传播福音。虽然安多尼矢志奉献教会,可惜因其体弱,始终得不到正式传教的机会,只被委派去一间教会收容所的厨房工作。某次,因为无人愿意去讲道,安多尼临时被派上去。没想到,这一讲,他的

圣堂主祭坛

中间为圣安多尼像

风度与声音给众人留下深刻印象。从此安多尼大展其演讲才华，到意大利、西班牙、法国以至非洲宣讲福音，所到之处，万人空巷；甚至有传说谓安多尼的讲道连鱼也被吸引来聆听，可见其演讲魅力之大，因此他被誉为中世纪最杰出的布道者。

安多尼死后，最初供奉的人不多，直至16世纪，葡萄牙将其奉为国圣，并积极传播其信仰。他最初被奉为水手、海上遇难者及囚犯的主保圣人；到17世纪，扩而被奉为寻回失物及恢复健康的圣人。据传其有求必应，三百多年来，圣安多尼已成为天主教最受欢迎的圣人之一。

圣堂内烛光摇曳

婚姻主保

葡萄牙人奉圣安多尼为国圣，对他当然有特别的感情。根据葡萄牙传说，圣安多尼是一位创奇迹的伟人，曾创造13个奇迹。所以，在他的圣日之前不是9日敬礼，而是连续13日敬礼。对葡萄牙人来说，圣安多尼尤其能够帮助人们寻回失去的东西。

在"花王堂"举行婚礼（陈显耀摄）

圣安多尼也是一位月下老人，热情帮助年轻的恋人，特别是帮助已到出嫁年龄的姑娘找寻意中人。有葡萄牙民歌这样描写圣安多尼的"功绩"：

轻盈的少女，

祈求圣人安多尼，

在神秘的婚姻簿上，

登记不要漏了你。

圣贡沙洛专替老姑娘牵线，

圣安多尼常为少女撮合，

齐向圣人倾诉衷肠，

唱出她们心灵的歌。

圣安多尼，圣安多尼，

向姑娘伸出热情的手，

成全人们的好事，

姑娘姑娘快快走。

从民歌的颂唱可知，圣安多尼应是怀春少女最贴心的知己了。葡人来到澳门时，正是圣安多尼信仰开始传播的时候，他们将之带到澳门，并将最早的一间教堂奉献给他。

因为圣安多尼是爱情的主保圣人，许多人在教堂内结婚，这现象连中国人也留意到，《澳门记略》有另一段记载说："佛郎机（指葡萄牙），婚姻不由媒妁，男女相悦则相耦。父母携之诣庙跪，僧（指神父）诵经毕，讯其两谐，即以两手携男女，送之庙门外，谓之交印，庙唯花王。"相信作者应该参加过西方人的婚礼，因此对他们的婚礼程序有比较精确的记载。

深度解码（二十）

甲戌风灾与天灾节

1874年（清同治十三年）9月22日晚上，澳门遭受一场特大台风吹袭，内港里许多船只沉没，多间房屋倒塌，居民慌忙逃生。此时，圣安多尼堂被雷击中，继而起火，波及旁边大量房屋，火势猛烈，熊熊燃烧，黑夜顿成白昼。正摸黑顶受着暴风雨吹袭的内港区灾民，在狼狈走难之中，得此火光照耀，辨清方向，才没引致更重大的人命伤亡，可谓不幸中之大幸。此次天灾造成约5000人死亡，连圣安多尼堂在内的大量房屋遭焚毁，损失高达200万银元。因该年为甲戌年，史称"甲戌风灾"。政府将每年9月22日定为"天灾节"，教徒及市民扛着圣安多尼像上街巡游，以示纪念。

当年天灾节的巡游详情，如今已不得而知，但《镜海丛报》上有两段圣安多尼堂节庆的描述，似乎可以领略一下。该报1895年8月14日（第三年第四号）有一段"庆神大乐"的记载：

花王庙内供有西洋神，名晏端尼神（即安多尼），系保护西洋全国者。自有神以来，于今七百余年。本月廿六七八等日，澳中西洋人议在庙内庆祝神贶，是日凡属西洋辖地，皆须致虔行礼。澳中西众由廿六早九点钟起，群赴庙内行弥撒礼，至五点钟而止。廿七照前无异，晚至五点钟恭备仪仗送神至大庙。廿八日，主教暨西洋多官皆赴堂颂祝，大庆大乐，四点半钟仍备仪仗送回本庙，是晚庙之内外，燃点明灯，焚放烟火，四隅奏乐，万众喧呼，至十一点钟始行竣事。

一个星期后的8月21日（第三年第五号）一段题为《声动邻疆》的报道中也提到当晚盛况：

廿八晚，花王庙行贺西洋神之礼，庙前遍缀明灯，街道悬旗结彩，入夜大放烟火，人海人山，异常拥塞。

从以上描述可知，该节日不但有圣像巡游，更有烟火表演，乐队助庆，真是全城盛事了。

深度解码（二十一）

朝鲜神父在澳门

到圣安多尼堂参观，进入其右边侧堂，会见到里面供奉着三位圣人，中间一位是教堂主保圣安多尼，左手抱着圣婴，右手持鲜花，这是他典型的形象。左边的一座木雕像，却是穿着朝鲜传统服饰打扮。为什么在遥远的中国澳门教堂里会供奉一个朝鲜人呢？

原来，这位圣人叫金大建（1821—1846），教名安德肋（Andrew），出生于朝鲜天主教家庭，父母均信仰天主教。其时朝鲜以儒家立国，禁止天主教传播，金大

朝鲜神父金大建像

建的父亲便因信仰天主教而被杀。1836年，金大建15岁，接受领洗，同年前来澳门修读神学。其时，澳门的圣保禄学院一年前已被火烧毁，暂未知金大建入读的是澳门哪所神学院。1845年，金大建在上海被祝圣为朝鲜第一位天主教神父。同年回国传教，却于翌年被斩首殉道，年仅25岁，成为第一个殉教的朝鲜神父。1984年5月，教皇约翰保禄二世访问韩国时，将金大建神父封为圣职。

天主教于17世纪初已被介绍入朝鲜半岛，但传教的不是专职传教士；到19世纪中叶，才有第一位法籍神父进入传教，惊讶地发现原来这里已有信徒。

离圣安多尼堂不远的白鸽巢公园里也有一座金大建的雕像。

十六 基督教坟场

中西文化交流的佐证

1807年5月12日，一个25岁的英国牧师，从美国纽约港出发，乘"三叉戟号"（The Trident）船前来中国，经过近四个月的航程，终于在9月4日抵达澳门。从此，这个年轻牧师便长留中国土地，为其教会以至中西文化交流做出重大贡献。

墓园俯瞰（陈显耀摄）

马礼逊及其助手

这个年轻牧师，便是基督新教（Protestant）首位到中国传教的教士罗拔·马礼逊（Robert Morrison）。

辟建历程

要缅怀这位中西文化交流大使的功绩，邻近白鸽巢公园的基督教坟场是最好的地方。因为马礼逊的墓便在这里，而且这座墓园的开辟也与他有关。

1821年6月10日，马礼逊的太太玛莉（Marry）于澳门病逝，可是却找不到可以安葬的合适地点。当时澳门为葡萄牙人的租借地，葡人信奉天主教，他们虽有墓地，却不许新教徒下葬。信奉新教的外国人只能把墓地设在葡人租借区以外的地

马礼逊墓及纪念碑（陈显耀摄）

马礼逊一家墓

方，凌乱分散，有时连墓碑也被推倒不见。马礼逊没法，只得求助于正为其担任翻译员的英国东印度公司澳门分部，由该公司出面向澳葡当局交涉，齐齐集资，终以近400银圆的价钱买下土地，辟作墓园。玛莉·马礼逊也成为首位下葬于此的人。

此后，陆续有其他在华的外籍基督徒下葬此处，包括英国人、美国人、丹麦人、荷兰人、德国人、瑞典人等，甚至还有亚美尼亚人。此外，有些墓穴是从外地迁移到此的，所以参观者细心观看时，会发现有些死者年份早于1821年。

到1857年10月，澳葡市政厅通知墓园管理者，自12月10日起市区内不得再进行墓葬，坟场需要关闭。教徒们乃再次集资，1858年时于当时城外、今望厦一带买了块新地做墓园之用，称为"新基督教坟场"。也就是说，基督教坟场实际只运作了37年时间，共有163个墓穴。

马礼逊堂与墓园

到坟场参观，于入口处顶部会见到一面英文石碑，内容意为：基督教堂和旧坟场（东印度公司 1814）。这块碑是1858年坟场关闭后才放置上去的，因此称其为"旧"坟场。至于"1814"，则是东印度公司获书面授权，拥有及管理其印度收入以外的教堂财产的年份。

仿罗马建筑风格的马礼逊堂　　　　　　　基督新教的教堂内一般没有圣像

马礼逊堂正立面

步入坟场，入目便是白色外墙、仿罗马风（Romanesque）建筑风格的马礼逊堂。此堂原是澳门东印度公司的印刷厂，1830年后转作专为丧礼仪式而设的小堂（chapel），1843年才转为做礼拜的地方，到1858年后正式转作教堂（church）。

经过教堂，走过一道小铁门，便到墓园的第一层。管理人在中间走道上摆放了许多花卉盆栽，各个墓冢之间及周围也种植了绿草，因此进来此处，只觉绿意盎然，丝毫没有阴森恐怖的感觉。这一层的参观重点，是在左边尽头处的著名画家钱纳利的坟墓。

到第二层时，更是满目青翠，几棵大树屹立于墓园之内，撑开几张绿荫大伞，加上一地如绒的绿草，使人仿似置身郊外草原。

靠右边墙直行，到近角落处，便见到马礼逊一家的墓地。

马礼逊与中西文化交流

马礼逊从1807年经澳门转入广州后，除短暂的离开外，便一直留在澳粤两地，直至逝世。由于当时内地及澳门都不容许他公开传教，因此他对外的身份是澳门东印度公司翻译员。虽然外在条件有许多限制，马礼逊仍在艰苦的环境下完成许多开创中西文化交流先河的事业。

例如他花了12年时间，以浅显的文言文首次将《圣经》翻译成中文。由马礼逊独力编写的《华英字典》，则是世界第一部英汉-汉英对照字典，以及第一部使用西方金属活字印刷的中文书籍；这部字

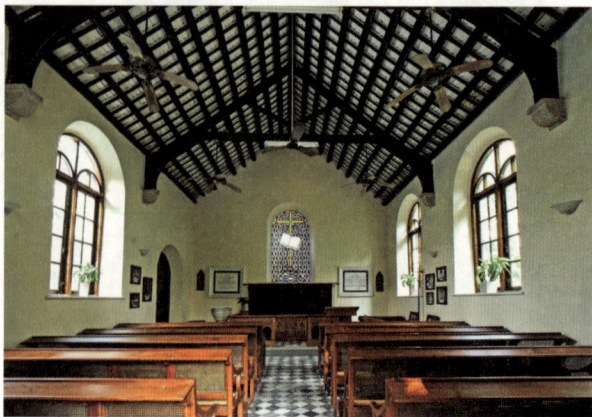

马礼逊堂室内

典在澳门印刷和出版，更突显澳门在中西文化交流史上的作用。1833年4月，马礼逊在其家庭印刷厂中编辑及出版了澳门也是中国首份中文期刊《杂闻篇》。这些卓越成就，使马礼逊当之无愧地成为中西文化交流的重要使者。

1834年，马礼逊于广州病逝，旋即移葬澳门基督教坟场。当年的《中国丛报》上有一则"马礼逊牧师讣告"，为我们描述了其葬礼情况："1834年8月1日星期五晚上10时，马礼逊博士逝世于广州，享年53岁。……次日晚，他的遗体从他在广州的家里被运到了珠江边，跟随者有律劳卑勋爵和住在这里的外国人。从这里，由他的长子马儒翰（John Robert Morrison）先生及他的几个朋友伴随，其遗体被运往澳门，作为（英国人在澳门墓地的）第五名死者安葬。"

马礼逊的落葬澳门，使这一片小小的基督教坟场成为中外许多教徒崇拜瞻仰的圣地，亦使澳门作为中西文化交流桥梁的角色得到最有力的证明。

深度解码（二十二）

侵略者丘吉尔勋爵

在基督教坟场内马礼逊墓不远处，有一座修建得很典雅的墓碑，留意一下墓主的名字，是英国著名的史宾莎-丘吉尔家族（Spencer - Churchill）成员。

对世界史熟悉的朋友，应该知道第二次世界大战时的英国首相丘吉尔（Sir Winston Leonard Spencer - Churchill，1874—1965），他不但是个政治家，更是英语世界著名的写作人，曾获诺贝尔文学奖。

在澳门下葬的这位丘吉尔勋爵，全名是Lord Henry John Spencer Churchill，他是丘吉尔首相祖父的弟弟，生于1797年。他后来加入英国皇家海军，29岁那年晋

丘吉尔勋爵墓

墓园区绿草如茵

升为船长。1839年，丘吉尔勋爵被指派为"都鲁壹号"（the Druid）船长，翌年从澳洲悉尼到达澳门，成为当时英国集结在珠江口舰队的一部分。其时，由于中国禁止销售鸦片，英方认为损害了其利益，已决定对中国发动战争。因此，我们可以视这位丘吉尔勋爵是鸦片战争时的侵略者之一。

这位侵略者没有机会建立战功，于同年的6月3日死去。英文《中国丛报》1840年6月号上有一则"丘吉尔勋爵逝世"的消息说："6月3日，正直尊贵的丘吉尔勋爵在上午10时许，在病了一个星期后，于皇家船只'都鲁壹号'上去世，享年43岁。他是马尔勃鲁夫公爵（the Duke of Marlborough）的第四子。他死时，是英国皇家海军在中国水域的高级官员。他于星期五早晨，在按其军阶的军队致敬中在澳门下葬。"

他的葬礼可谓冠盖云集，当时在澳的所有外国人，以及英军将领、澳门总督都有出席，其中包括发动中英鸦片战争的查理·义律（Sir Charles Elliot）。

要了解中国近代史，要从澳门开始，这个丘吉尔勋爵的墓地便是好例子：原来，鸦片战争是在澳门策动的。

十七 东方基金会会址

花园之家

在喧闹的白鸽巢公园侧，一座拱门入口的大宅，庭院深深，让许多经过的人不禁想入内探究一番。

从门前的铜牌，我们知道这里是东方基金会会址。许多人可能不知道，这里曾经有许多中国近代史上显赫的名人寓居过，更不知道，它曾经有过一个非常美丽的名字：花园之家（Casa Garden）。

大楼正立面全景（陈显耀摄）

两百年间的变迁

东方基金会现址的这座"花园之家"，其具体兴建时间已无从稽考，一般相信是1770年左右。其最早的主人是谁，也不得而知，但从其西式建筑来看，应该是个葡人。我们确知的是，到1787年，这里被租予英国东印度公司，作为公司大班（the president of the Select Committee）的寓所。英国东印度公司在澳门的第一个办事处，是1773年搬进去的位于南湾的"十六柱"，花园之家的寓所是作为总部之用的。

美轮美奂的大宅

1880年左右的"花园之家"（澳门档案馆藏）

1832年，东印度公司被英国国会免去其在华经商的专营权，可是直到1835年，它才正式搬离花园之家，撤出澳门。其时，花园之家的业权亦已转予佩雷拉（Manuel Pereira）。佩雷拉原是葡萄牙王室顾问（Royal House Counsellor），于1790年来澳。据记载，他于1815年拥有了大屋的业权，不过，他本人却未在这里住过。

佩雷拉于1826年去世，大屋由其才刚出生11个月的女儿玛利亚（Maria Ana Pereira）继承。到1838年，玛利亚与其表兄马葵士（Lourenco Caetano Marques）结婚，两人才正式搬进花园之家。

要留意的是，当年花园之家是名副其实的"花园"，因为其范围不止现时所见，而是一直到今天白鸽巢公园内的贾梅士洞的；而洞内那尊贾梅士铜像，也是马葵士特意向葡萄牙的兵工厂订造，于1866年1月28日安放在现址。

花园之家内遍植花木，据一份1849年的记载说："这寓所的外部不甚高雅，但内部有精致家具设备的宽阔大屋和间隔，其中部分是新建成的或近数年内修建的。从外面很少人见到这寓所，因庭园及其他部分被大量浓密的树叶高高地包围着。从屋内可通往花园，在花园的右边也有一进口，装有豪华的大铁门。"从这些描述可知这里被称为"花园之家"的原因了。

这座房屋原有两层，一份1855年的记载说："在市内有一幢两层高且有一座塔的楼宇，向北有五扇窗，每层有一道门，底层尚有一道大间。下层向南的一方有八扇窗及一道门——楼宇的主要入口，屋内尚有两道门，两扇窗及六个拱廊。每层向东的一方有八扇窗，上层则有一扇窗，一道门及六个拱廊，庭园则以墙围住。"

这样一座美轮美奂的大宅，却于1885年以3.5万元澳门币出售予政府。其时马葵士的经济出现困难，需要出售大宅，刚好法国外方传教会看中这处风景宜人，想出高价购下，但马葵士出于"爱国"之心，不愿看到物业落到法国人手里，经当时澳督亲自出面周旋，终以一半价钱卖给澳门政府。

入口大门

成为政府物业后，这座花园之家做过不同部门的办公室，包括工务局、作战物资收藏库、官印局、中央档案馆等，而最为人熟知的一个机构，便是贾梅士博物院了。

到1989年，葡萄牙东方基金会购置了花园之家，成为其澳门办事处，一直至今。

华商立像纪念"伯爵"

许多市民和游客都到过白鸽巢公园，但其旁边这座富历史意义的建筑，却没有多少人进去过，可能是被那座富丽拱门的豪门大户气势所吓住吧。其实，此会址除办公范围外，是欢迎游人入内参观的，里面更经常举办各类艺术展览。

今天的东方基金会（简称东基会）会址已不复当年花园之家的园林美景，因为有一大半的范围已辟作白鸽巢公园。然而，进得其内，依然可见绿草欣荣，花繁叶茂，高树巍峨，鸟声啁啾，在喧闹的市声中，实在是一片静土。尤其是主楼前人工凿建的水池，红砖铺道，绿柳低垂，让人在一片石屎森林中，呼吸着湿润的灵气。

水池右侧的草坪上，立着以大理石为底座的铜像，左手持剑，右手握书，身穿洋装；像前的英葡文铜牌字迹难辨，幸好绕到背后，赫然有一块中文石碑。从碑文下款可见，这碑立于光绪年间，可惜具体日期已泯灭，但其立碑人是大有来头，分别是陈厚贤、卢焯之、何连旺，其中卢焯之便是澳门人人皆知的卢九，他们三人俱是当年澳门的富绅。碑文则写着："西洋伯爵美那年奴先那非难地士，性慷慨，重义气，尤爱华人，所求必应，为谋必忠。凡华人之旅游而贸易于澳门者，无不得所庇荫，令其人往矣而遗泽犹留，思慕之深，无所寄托，爰仿越人铸范之义，特萃精铜铸成斯像，庶音容宛在，如觌（睹）生平，仪范常存，时伸爱慕……"华商为何要立像纪念一位"伯爵"呢？

这个"美那年奴先那非难地士"，其外文名是Bernardino Senna Fernandes，现代译名是贝尔纳迪诺·飞南第。据李长森教授研究，"飞南第"是澳门著名的土生葡人家族，历史可追溯至18世纪40年代。贝尔纳迪诺·飞南第是家族第三代，1815年出生于澳门，1893年卒。"由于经商有道，迅速发迹，连续多年被列入纳税最多的40名商人排行榜。他在政治、经济、社会甚至军事方面均有重大影响。"因其对澳门的特殊贡献，1889年获王室一等男爵封号，1890年升为子爵，1893年去世前加封为伯爵。参与立像的卢焯之（卢九）当年承充澳门博彩专营权，其担保人就是这位伯爵了。

飞南第伯爵铜像

完美无瑕的砖雕神龛

绕过水池与铜像，便是会址主体建筑，白色墙身，红线勾边，绿窗斜开，一副典雅高贵的雍容气派。大楼实际有两层，底下为展览画廊，二层则由一道石级连接，直通高台长廊，经过廊门，才算进入楼内。

大楼内开放予公众的主要为三大部分，首先是接待处的前厅，后面两间大房，以两道门连接，均辟为展览场地；四壁墙上挂着的

精致的砖雕神龛

东基会展览厅展出精美艺术品

画作，既有中国古画，又有现代油画，更有摄影作品，都是在这里展出过的艺术家给东基会的纪念品。游客记得要参观两边展柜内的小型艺术品，是东基会自家的收藏，有唐代的陶俑，也有教会用的器物，中西文化集于一炉。最不能错过的，是展室里一座镶嵌进墙的砖雕大神龛。在西式楼宇里出现中式神龛，已经够有趣，再看上面的砖雕，神兽花鸟，无不逼真传神，活灵活现，堪称艺术精品。类似的神龛，以笔者见闻，只在大堂巷卢家大屋及澳门博物馆内有，但该两处神龛雕塑都有损毁的地方，东基会的这座却是完整无瑕，最能体现砖雕艺术的特色了。

（二十三）

英人记录的"花园之家"

今天的东方基金会会址，当年曾经款待过许多重量级客人，其中一个是英国特使马戛尔尼（George Macartney, 1737—1806）。

马戛尔尼出身苏格兰贵族家庭，1792年9月26日，他奉英王之命，以贺乾隆八十大寿为名出使中国，是首位正式到访中国的西欧使节。马戛尔尼使节团浩浩荡荡八百多人，历经一年时间，于1793年8月5日抵达天津。其间他途经澳门对外的万山岛，但没有进澳门。

马戛尔尼此行，以贺寿为名，希望中国政府开放港口予英国人经商为实，因此带了许多当时西方"奇技淫巧"的新发明来做礼物。乾隆皇帝本来也很高兴，以为天朝大国的威仪，连外邦大国也被吸引到。可惜，双方在英使晋见皇帝时行三跪九叩礼上出现争执。最后，虽然马戛尔尼只须行单膝下跪礼，不必叩头，但他向乾隆帝提出的七个请求也被驳回，无功而返。

返航的英国使节团于12月9日抵达广州，不几日就转到澳门，直至翌年的3月17日才离开。其间，马戛尔尼的住处，就是东方基金会现址。

当年使节团的秘书斯当东（Sir George Staunton），回英后写了本《英使谒见乾隆纪实》，详细介绍了整个出使过程和中国的风土人情，其中有记录到澳门。书里除简介澳门地形、在澳葡人的生活外，还提到妈阁庙和青洲岛；当然，亦提到了他们的住处。斯当东记述道：

"市镇的最高处下面有一石洞，名卡摩恩（即贾梅士）洞也是在乱石当中。……

这个洞现在在一位英国商人住宅花园当中。这个人有洋行设在广州，一部分时间住在澳门。他邀请特使和两位随员住在这所房子里。这所房子和花园地势居高临下，可以俯视全澳门。花园构造尽量利用地形，里面的花草树木不拘规格，显得非常天然。走道沿着山的斜坡，穿过丛林，经过悬岩，纵横交错，不但点缀了风景而且整个园地显得更大。"从叙述看来，英国人似乎对澳门这个"花园之家"颇满意的。

深度解码（二十四）

飞南第与孙中山

飞南第家族最为华人熟知的，应是第四代弗朗西斯科·飞南第（Francisco Hermenegildo Fernandes，1863—1923）。他精通葡、英双语，又会说中文（粤语和官话）。他早年到香港发展，任港英当局的最高法院翻译员，在法庭上认识了孙中山，其时孙中山被指控参与暴乱。从此飞南第与孙中山结为好友，对孙中山革命事业给予帮助。

1893年，飞南第返澳任华务署翻译员，又先后在澳创办华文报纸《镜海丛报》及其葡文版《澳门土生回声报》。其时孙中山正在澳门行医，《镜海丛报》与他有非常密切的关系，创刊号便登载《镜湖耀彩》一文报道孙中山的高明医术，其后多次刊登与孙中山有关的消息、革命主张和活动，成为后人研究孙中山必需的参考文献。

1895年，孙中山发动广州起义失败，遭到通缉，得飞南第帮助经澳门转赴日本。辛亥革命成功后，飞南第向澳葡当局建议庆贺，又致信予孙中山祝贺。1912年5月孙中山来澳省亲，曾与飞南第见面，并邀其出任官职，但遭飞南第婉拒。

十八 东望洋炮台、灯塔及圣母雪地殿教堂

中西艺术风格大融合

澳门的东望洋山，华人俗称松山，是澳门半岛最高山，其峰顶耸立着三座著名文物：东望洋炮台、东望洋灯塔和圣母雪地殿教堂。

这三座文物，看似互不相干，但它们的葡文名称都带着"Guia"一词，而Guia的意思，就是"引领、指引"。

是的，这三座文物，在航海时代，都在指引着人们的方向，从汹涌的海洋到善恶的灵魂。

东望洋炮台、圣堂及灯塔（陈显耀摄）

半岛最高点上的炮台

当游人几经辛苦，走到东望洋炮台的时候，在城堡入口会见到一块葡文石碑，上面的葡文字母连成一串，词与词之间没有间隔，更无标点符号，即使懂葡文的朋友，也会看得一头雾水。这便是炮台的修建碑，其文意思是：

1905年左右的炮台周边（澳门档案馆藏）

本炮台由议事会出资，由炮兵上尉ANT. RIBR. RAIA督造。1637年9月起造，1638年3月竣工。罗郎也（Da Camara De Noronha）时为总督。

碑文上面正中的是葡萄牙盾形国徽，其左边为葡萄牙军队圆形徽章，右边为十字架。

当然，这个炮台只是整个东望洋防御系统的一部分，还有其他炮台及地下通道分布在整个山头，建于不同时期。许多现届中年的澳门人都有过打着电筒进入漆黑的松山防空洞"历险"的回忆。今天游人已无法体验那种"历险"乐趣了，感兴趣的话，可以到炮台下修葺一新、灯火通明的防空洞展览馆参观一下。

这里是澳门半岛最高点，控制山头，便置大半个半岛于火力范围之内，因此是兵家必争之地，东望洋炮台由是兴建。乘着地利之便，炮台也成了监控海面情况的前哨站。

这里，必须要提一提炮台内圣母雪地殿教堂旁边的一座铜钟。它毫不起眼地默守一旁，游人偶尔在其前留影一张就走，许多人甚至忽略不顾。它当年其实是大有用处的。

这座铜钟铸于1706年，到1824年，由于钟上出现裂痕需要重修，顺便改进了外观和声响，于同年6月底重新启用。铜钟属于旁边的圣堂，除为教堂服务外，更有另外功能。据龙思泰《早期澳门史》中描述：

"东望洋炮台在白天守望着驶入澳门或驶往广州的船只。当一艘船被发现时，澳门总督就会通过信号得知它正在驶来。当该船的国籍可以通过书面形式加以确认时，守军头目就会派人将书面文件送给他。在葡萄牙船只到达时，会响起钟声。"也就是说，这座铜钟，既用作通传消息，也可以资识别敌我，作用可不小呀。

有两百多年历史的铜钟，见证历史沧桑

中国最古老近代灯塔

游人跨过炮台入口木大门后，会见到几个以铁丝扎成的台风信号。昔日，每逢台风袭澳，驻守这里的港务局员工便在外面的旗杆上挂起相应的台风讯号，让全澳市民知所预防。现在早已有各种电子信息报道台风消息，可是这挂信号的传统仍然保留。

仍然保留旧传统的，还有著名的东望洋灯塔（松山灯塔）。当今船只早就靠先进的雷达甚至卫星来做导航了，灯塔已不复当年作用。可是，在澳门的夜空，我们仍然见到东望洋灯塔的光柱在环回逡巡着，尽管实用性不大，却是澳门不能取代的标志。

铁丝扎成的台风信号

炮台上的碉堡

约1880年时的圣堂及灯塔，可见到灯塔的顶部与现今不一样，灯塔当时受台风吹袭受损，尚未修复（澳门档案馆藏）

巍峨的东望洋灯塔

灯塔建筑装饰

　　据文德泉神父的资料，灯塔由商人马杰森（H.D.Margesson）出资建造，由土生葡人卡洛斯·罗沙（Carlos Vicente da Rocha）设计和施工，始建于1864年，1865年9月24日启用。1874年9月22日，一股特大台风吹袭澳门，灯塔受到波及损毁，至1894年再修建完成，重放光明，指引导航。灯塔高13.5米，底部直径7米，其顶部最高达海拔107.5米，置身其上，澳门半岛以至氹仔的风光，尽收眼底。松山灯塔位于北纬22度11分，东经113度33分，这也是澳门的地理坐标。

起初，灯塔的照明系统以椰子油为燃料，点燃灯泡，发出光芒，以做指引；1911年改装棱镜光学元件及一座由垂直时计仪带动的转动系统；1927年，其照明系统更换为电灯泡；1975年，转动系统改为电动，但光学件仍然保留。灯塔的照明范围远达16海里。

可以一提的是，位于浙江宁波市镇海区的七里屿灯塔，建于清同治四年（1865年），现为国家重点文物保护单位。据宁波文化遗产保护网介绍，此灯塔是我国乃至远东最早建造的灯塔之一。按年份而论，澳门的东望洋灯塔要比七里屿灯塔更早。所以，东望洋灯塔于2019年被列入《中国工业遗产保护名录（第二批）》，其入选理由为："我国8座被列为世界历史文物灯塔（共100座）之一；远东地区修建的第一座近代灯塔，中国沿海地区最古老的近代灯塔，仍在使用当中；雷达还未普及之前，是进入珠江的地标，灯塔的所在地面位置之坐标值，为澳门于世界地图上之地理定位；'澳门八景'之一，入选世界文化遗产；由土生葡人加路士·维森特·罗扎设计，体现葡萄牙建筑风格，是中西文化交流融合的历史见证。"这绝对是个实至名归的荣誉。

内藏壁画的小教堂

要数东望洋山上最精彩的文物，笔者首推圣母雪地殿教堂（正确名称应为"白雪圣母隐修院"）。

这座富有浓厚葡萄牙乡村教堂特色的小圣堂，外观毫不突出，可是其内却蕴含丰富的文化内涵。小教堂的具体始建年份不可考，但

富有浓厚葡萄牙乡村教堂特色的圣母雪地殿教堂

圣母雪地殿教堂内绘有传统国画花木图案的湿壁画

湿壁画中西合璧

壁画图案

双头鹰图案

天使图案

圣母哺乳图案，在澳门教堂绘画中非常罕见

肯定比炮台的兴建要有早。龙思泰甚至记载说："在荷兰人进犯澳门的时候，东望洋山上有座献给圣母玛利亚的小教堂，可能就是现在圣母雪地殿的前身。"也就是说，它可能始建于1622年前。

这座小圣堂里，最为人津津乐道的，是其独步澳门的湿壁画（Fresco）。这一大片围绕圣堂内壁而绘的壁画，是文化局人员1996年维修时发现其痕迹的，1998年起一队葡萄牙修复专家历经3年将其覆盖经年的原始面貌，重现世人眼前。

壁画绘于何时，画者是谁，今天都无从稽考。从其所画的图案可见，应有中国画师参与，这正是圣堂壁画的珍贵价值所在。笔者见过许多游人，到圣堂内只匆匆"到此一游"就走，并没有细细去看那些壁画图案，这实在很可惜。因为只要他们细心看，当会发现在满壁的天主教图案里，其实隐藏着许多富有中国色彩的元素。像刚进门口两边墙壁上的那些柱子、狮子、花卉图案，试想想，它们是不是深富"中国风"呢？还有正面圆拱壁上两位天使脚下的云朵图案，又像不像中国风格的祥云呢？再转过另一面的圆拱壁，那左右两边环壁而绘的花和枝，是否有着我们传统国画中花木的影子呢？当然，更要细看花枝下的石头，不正是中国画中的山石吗？——当你细心地欣赏过这些图案后，就会明白这些壁画是名副其实中西文化交融的杰作：西方天主教题材和传统湿壁画制作技巧，融入富中国特色的图案。因此，这些壁画不仅突显这间圣堂的历史和艺术价值，更是澳门中西文化交融的有力见证。

深度解码（二十五）

基亚与白雪圣母

一般旅游书介绍东望洋炮台时，会说炮台是由荷兰俘虏所建，因其首领名叫基亚（Guia），所以这座山和炮台的葡文称呼都以他来命名。这实在是个美丽的误会。

揆诸常理，哪有人会拿手下败将的名字来为自己重要的建筑命名？何况根据金国平和吴志良两位先生的研究，当年被俘虏的荷兰人才7个，怎可能建成一座炮台呢？

Guia的名称，其实跟葡萄牙人信奉"导航圣母"（Nossa Senhora da Guia）有关。葡萄牙为航海国家，像中国人信奉妈祖等海上神灵一般，葡萄牙人信奉导航圣母，并有多处以导航圣母为名的地方，其简称便是Guia。澳门东望洋山（松山）的葡文名以Guia命名，源自山上的圣堂供奉导航圣母，这是葡人的传统，与荷兰人没有关系。

金、吴两位在研究中，认为炮台上圣堂中文译为"圣母雪地殿"不确切，应是"白雪圣母隐修院"。圣堂葡文名是Ermida de Nossa Senhora das Neves（英文Our Lady of the Snow）便是白雪圣母之意。

白雪圣母的典故来自古罗马的一个传说，谓当时有对贵族夫妇，眼见长年无嗣，便向圣母许愿，如她能赐子女，便

圣堂内供奉应是"白雪圣母"

捐出财产。他们又祈求圣母降下圣迹，启示他们知道如何捐献财产以彰圣名。奇妙的事发生了，正暑热的8月5日晚上，罗马的埃斯奎利诺山（Esquiline）山顶竟然落雪，贵族夫妇便在落雪的位置，兴建一座教堂，供奉"白雪圣母"。

因此，东望洋山的圣堂，虽然与"雪"有关，不过却应该是"白雪圣母"，不是"雪地圣母"。当然，由于"圣母雪地殿"这个名称已沿用多年，要其"改错归正"，相信要各方努力和较长时间了。

深度解码（二十六）

圣母雪地殿墓碑

去过教堂，尤其是外国那些大教堂的朋友，应该会发现一件事，就是教堂内有许多墓碑，有些甚至还专门辟有墓室；那些墓碑四周还有壁画、雕塑等，装饰得非常华丽漂亮。

原来，这是天主教传统，会将一些对教会有贡献的杰出人物，葬在教堂内做纪念，当中尤以葬在祭坛位置为尊荣。

澳门许多教堂里都有这样的墓碑，不过由于保护的原因，一般公众可能看不到。不过，在东望洋炮台上的圣母雪地殿教堂里，有一块墓碑却是显眼非常，因为就在圣堂入口处。其葡文碑文的内容大意是：

圣堂内司事的墓碑

此门内葬着圣堂司事，其骸骨机缘巧合地得享此体面的墓地。1687。

1720年

从内容可知，此碑立于1720年，葬的是一位死于1687年的圣堂司事。关于这位司事的生平，目前找不到文献记载。奇怪的是，他只是个普通的司事，似乎没资格享受葬于教堂内的"殊荣"；而且，从碑文可知，他是"机缘巧合"地被葬于此的，显然他本不应属于这里的。

有学者推测他可能是因为对本地市民有贡献才葬在这里的。过往，圣堂所在的东望洋山，因为是澳门半岛最高峰，地势险要，故当局在这里建了炮台防卫，并派人瞭望监视海面的情况。这位司事可能兼负监视往来船只的职责。一见海上有船到达，立即敲钟示警，并且以不同的钟声，显示船只的来向及类型（如商船、军舰甚或海盗船）。

不管这个司事的真实身份是什么，可以肯定的是，他不仅得享葬在教堂的殊荣，而且更享有成为澳门世界遗产一部分的荣耀。

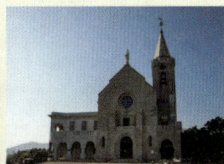

澳门历史建筑文化解码

辑二　澳门文化遗产

一 望德圣母堂

见证澳门麻风病院旧史

在澳门众多的教堂中,论恢宏与华丽,位于望德堂区的望德圣母堂,都不会排在前列。然而,对澳门教区,尤其是澳门华人教徒来说,望德圣母堂却别具意义,因为它不仅是澳门三大古老教堂之一,更可能是澳门第一座主教座堂,又曾是澳门唯一的华人堂区座堂。

望德圣母堂正立面(陈显耀摄)

创建历程

这座教堂原称望德圣母（Nossa Senhora da Esperanca）教堂，又称圣拉匝禄（Sao Lazaro）教堂，其始建年份，没有明确记载。澳门一般记载认为，在贾耐劳（D. Melchior Carneiro）神父1569年来澳开办麻风病院开始，便兴建了这间附属教堂；有论者甚至认为它是葡人在澳门兴建的第一座教堂。姑勿论如何，望德圣母堂与圣老楞佐教堂、圣安多尼教堂，合称澳门三大古老教堂。

根据学者董少新的考证，麻风病院及望德圣母堂应建于1672年前，今天教堂前地有一座石十字架，其底座刻有"望德十字，1637"的拉丁文，证明教堂于当年曾经重建。

可以肯定的是，教堂最早的建筑是木结构的，而且规模较小，很像一间乡村小教堂；事实上，教堂当时也只供其旁的麻风病人使用。据林家骏主教介绍，1576年，澳门教区成立，由于当时的署理主教贾耐劳经常在麻风病院工作，在病院旁的望德圣母堂便顺理成章地被立为第一座主教座堂。可是，随着贾耐劳退休，新主教到临，以及大部分教徒聚居于议事亭一带的市中心，望德圣母堂又在麻风病院隔邻，种种原因相加，使教区另觅地于今大庙顶（大堂前地）新建教堂，取代了望德圣母堂主教座堂的地位。然而据文德泉神父的资料，澳门教区成立时，立天主之母教堂（即圣保禄教堂）为主教座堂；不

20世纪初的望德圣母堂外貌（澳门档案馆藏）

过因为贾耐劳经常在麻风病院工作，让人误会望德圣母堂为主教座堂。

到19世纪中叶，澳门的华人教徒和神职人员增多，廖玛谷神父被指派专责管理澳门城墙外华人的传教工作，望德堂便成为澳门华人教徒的主要圣堂，在其周围更逐渐多教徒聚居，形成一个群落，称"进教围"。其后，随着麻风病人迁往路环九澳，该区教徒渐多，教区便拆去旧堂，在原址上新建一座水泥结构的教堂。据施白蒂《澳门编年史》载，1885年8月13日，"决定在因坍塌而被拆除的圣拉匝禄教堂旧址建一座新教堂，取名为望德堂，专门用于华人基督徒"。今天，教堂正立面有一块石碑，以葡文记载教堂由当时澳督下令兴建，完成时间是1886年。到1923年，望德堂成为本澳唯一的华人堂区座堂。

望德堂其后曾多次大修，包括1909年、1957年和1970年。1957年的修葺，教堂正立面被铺上上海批荡（石米批荡）；1970年时，除改建祭台外，更加建了左右两翼，形成今天的规模。

最早的麻风病院

出版于18世纪中叶的《澳门记略》载："（澳）东南城外有发疯寺，内居疯蕃。"其实，这疯不是疯癫，而是麻风。

一般认为，澳门的麻风病院由贾耐劳主教于1569年创办，其址便在今望德堂区，因此，区内今天仍有许多以"疯"字命名的街道，指的便是这段旧事。由于麻风病院由教会开办，入住的病人大都是教徒，而且不止葡人，更有许多华人，教会便专建一间教堂供他们使用，这便是望德堂了。

据董少新研究，开办麻风病院的仁慈堂在其《章程》中规定："麻风病院的男工有责任在礼拜六，从（本堂）出纳员处为麻风病人领取布施；在礼拜日和圣日，带领麻风病人聆听弥撒；让他们每日讲两次基督教义，每年在圣诞节、圣灵节、

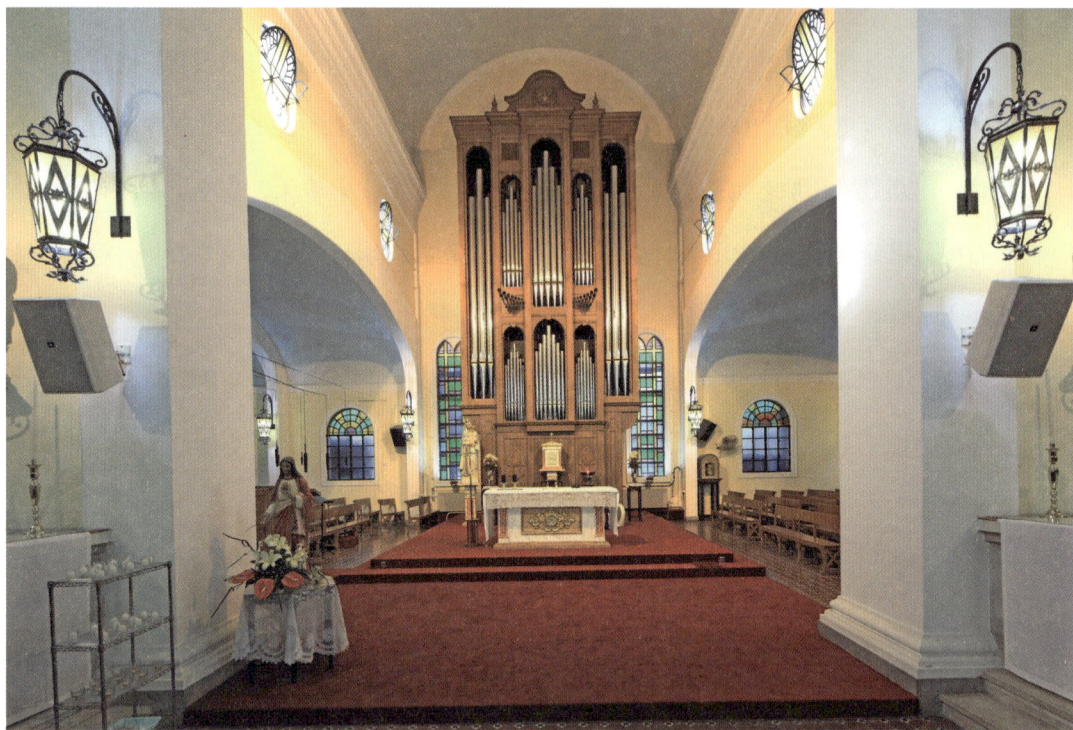

主祭坛新装设管风琴（陈显耀摄）

"望德十字"石制十字架

圣母升天节（8月15日）和万圣节（11月1日），做忏悔；在四旬斋期间也要进行忏悔。如果有人身体状况差，参加这些宗教活动有生命危险，则不必履行此义务。"由此可见，宗教生活是当时麻风病人的重要日常活动之一。

到1882年，位于望德堂侧的麻风病院迁去小横琴，1929年更迁入路环九澳，至此，澳门本岛的麻风病院历史便宣告结束。

二 主教山圣堂

山巅上的教堂

你或许不知道或从未到过这一座教堂，但你肯定在电视广告或亲友的婚纱照里见过这一座教堂。

你或许没想过要到这一座教堂参观，但当你路经旅游塔或徜徉于西湾湖畔时，视线一定会被这座巍然独立于山巅上的教堂吸引；尤其是晚上，你很难忽略这一座于幽暗的夜空中，被射灯烘托得光华璀璨的圣灵之所。

它就是位于澳门西望洋山顶的主教山圣堂。

高空俯瞰整座教堂（陈显耀摄）

逃过劫难建教堂

其实，这间教堂的正式名称应该是"法国之岩圣母教堂"（Ermida de Nossa Senhora da Penha de Franca）。

据金国平和吴志良两位先生介绍，"法国之岩"其实是西班牙的一个地名，因该处聚居了许多法国人，故得名。该处于1434年发现了一幅圣母怀抱圣婴的画像，传说经常显灵，因此招来了许多信徒，法国之岩圣母的信仰由是传扬开去。16世纪末，该信仰传入葡萄牙；葡萄牙人到海外拓展贸易，又将之带到各居留处。

教堂正立面顶部的圣母圣子像

澳门西望洋山顶的这座圣堂，正是葡人用来供奉法国之岩圣母的。至于主教山圣堂或西望洋山圣堂，都是华人的俗称。

简洁的教堂内貌

说到这间教堂供奉法国之岩圣母，还有段葡萄牙与荷兰之间的"恩怨情仇"可以说说。

17世纪时，葡萄牙与荷兰双双于海上崛起，积极开拓海外贸易，建立殖民地，双方由大西洋斗到印度洋再到中国沿岸。葡萄牙人早占先机，得中国政府允许，栖居于澳门。荷兰人看着眼红，1622年曾想以武力强占澳门，可惜发生了著名的大炮台神父开炮驱逐荷兵的故事，他们只能无功而返。其实，葡荷两国相争，早已有先例。

话说1620年时，正值澳门葡人从事中日贸易的高峰。他们在中国买进丝绸、瓷器到日本去卖，又以卖货所得的日本白银到中国买货，赚取中间的暴利。这一年，正有三艘葡船从澳门运货去日本，却被四艘荷兰船盯上，要抢劫他们船上的财物。葡船中，两艘较大的凭借速度优势，首先逃脱，剩下一艘较小的，以一敌四，势孤力弱。船上连船长在内的17人，心感此次在劫难逃，无望之下，就向法国之岩圣母求助，许愿说只要圣母保佑他们成功完成这趟贸易，他们愿捐出货物总值的百分之一，在澳门兴建一座隐修院以供奉圣母。神奇地，这艘船最后居然逃出荷兰船的包围，成功到达日本，赚钱而归——其实，那只是因为荷兰人志在船上的货物，没想要打沉船只，因此炮火只落在船身附近，这才让他们有机会逃脱。

不管如何，翌年当那艘船安全返抵澳门后，果然信守承诺，向圣奥斯定会捐款建教堂；圣奥斯定会又得议事会批准，在西望洋山兴建这座隐修院，于1622年4月29

教堂正立面

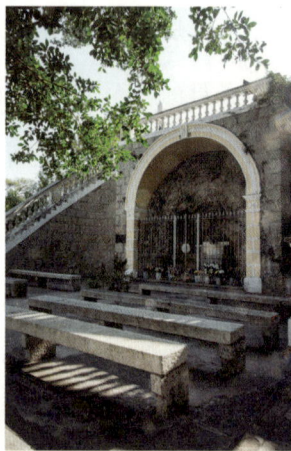

露德圣母岩洞

日正式启用。

法国之岩圣母原本不是海上水手的主保，但因为曾庇佑葡人船员的航行，因此在澳门受到广泛的崇拜。

龙思泰在《早期澳门史》中记载说："葡萄牙船只在进港时，习惯上都向该隐修院鸣礼炮数响。它的收入依靠信徒的慷慨布施，以及那些以航海为生的人，为了求得圣母玛利亚对他们生命财产的庇佑，在危难时刻所作的布施。"澳门另一著名历史学者文德泉神父也说："葡萄牙船在接近澳门时鸣枪表示祝贺，同时主教山圣堂的钟敲出愉快的欢迎之声以作响应……这样就好像中国海员一样，在经过妈阁庙时供奉天后娘娘。"

改建历程

这座修建于17世纪的隐修院，之后几经改建。圣堂的正门有一块石碑，以葡文记载了改建的历史："修建于1934—1935年，以代替原建于1622年和重建于1837年的教堂。"

教堂早期附属于隐修院，因此旁边一直有供教士居住的地方。到20世纪初，鲍理诺主教（D. Joao Paulino de Azevedo e Castro）从大庙顶搬到这里居住，这里便成了主教府，华人也因此俗称这里为主教山。鲍主教去世后，继任的高若瑟主教（D. Jose da Costa

现今位于大庙顶前地的主教府

建于 1909 年的圣母像

Nunes）于1934至1935年间主持重修圣堂，更在圣堂旁边新建一座主教府，形成今天的模样。值得注意的是，目前澳门教区主教已搬回大庙顶主教府居住。

圣堂前面的广场，有一座圣母直立合十的雕像，非常瞩目，那是1909年建的，已是过百年的旧物了。教堂下层沿左右两边楼梯下去，有一个砌着拱门的岩洞，那是1908年修建的，用来供奉露德圣母（Nossa Senhora de Lurdes）。

三 亚婆井前地

华人葡人共和谐

"澳门嘛，我游过了，就是那个大三巴、妈阁庙嘛，我知道……"这，可能是许多游客心中的澳门"景点"。

但是我要告诉大家：澳门不止大三巴。要领略澳门的历史风情，尤其是澳门中葡两国人民四百多年文化交融形成的人文风采，你得舍弃舒适的旅游巴士，拿起地图，抬起脚步，甩开大路，拐进小巷……这样，你会发现一个在旅游巴士上看不到的澳门。

整个前地仿如南欧小镇一角

沿着"澳门街"一路走

比如说，当你逛过妈阁庙后，不妨向庙门左边的小巷走去。之后，你会来到一条斜路。告诉你，只要沿着这条斜路往上行，你，就会走进澳门历史。

首先是这条斜路，它正式名称叫妈阁斜巷，别名叫"万里长城"。小澳门居然有长城？原来，葡人在16世纪中叶于该处筑有城墙，后来虽然被拆去，但澳门人却以"万里长城"之名来纪念。你看，历史就在一个小小的街名中。

沿斜路往上走不了几步，你会见到一座阿拉伯式建筑耸峙眼前；它就是现今的海事及水务局大楼，建于1874年，当年是兵营，给葡人自印度招来的士兵住宿；后来改做水警办公室，所以澳门人又把这座建筑叫作"水师厂"。

从妈阁斜巷往上走便见到海事及水务局大楼

别过水师厂，不用拐弯，直直往前走。知道吗？你走的这条窄窄的街道，就是古时澳门由中区议事亭前地往妈阁海边的主要通道，也就是那条被叫作"澳门街"的一部分。如今，两旁建筑已改，古老的街道却依然回响着澳门人悠悠的跫音。而你，是踏着四百多年来中葡人的脚步而行呀。

土生葡人的根

经过约五分钟的路程后，眼前景象骤然开阔，一片小广场出现了。广场的主角是左右分布的两棵老榕树，各自从底下主干处伸出条条粗壮的枝丫，如伸展的巨

亚婆井前地悠闲舒适 （陈显耀摄）

灵神掌般撑起两顶茂密丰盛的绿色大帽，其浓密阴凉的树荫占据大半个小广场的空间；所以，在这两顶大帽底下，你总能看到一两位居民在那里悠闲地坐着，或聊天，或歇息，甚至睡觉。

这片小广场，便是澳门著名的亚婆井前地（Largo do Lilau）了。

亚婆井的出名，与一首优美的澳门土生葡人（Macanese）诗歌有关。这首诗说：

喝了亚婆井水，（Quem bebe água do Lilau, ）

忘不掉澳门；（Não mais esquece Macao, ）

要么在澳门成家，（Ou casa cá em Macao, ）

要么远别重来。（Ou então volta a Macao. ）

亚婆井，便是土生葡人的根；他们在这里成家，在这里繁衍；他们离不开亚婆井，亚婆井也离不开他们。不管远隔天涯，有亚婆井在的一天，土生葡人依然会重回故地。

是的，亚婆井便是土生葡人在澳门根的象征。这个象征是如何来的呢？原来，亚婆井的对应葡文是Lilau，意即山泉、泉水，相当于英文里的springs。这里位于澳门西望洋山（俗称主教山）的半山腰，古时有一道山泉。据中文古籍记载，这泉叫"山水泉"，"在西望洋山下，皆水自石出，清冽甘美"。葡人刚到澳门的时候，依水源而居，山水泉一带便成了他们聚居的地方之一，并且直接以葡文Lilau（山泉）来命名这片给他们生命之源的地方。

水，孕育了生命；澳门西望洋山的泉水，孕育了澳门葡人的根。怪不得中国人说，一方水土一方人——水与土相合，便诞生了一群人。

顺山势斜坡而建的白墙红瓦顶房子（陈显耀摄）

山水泉与亚婆井

可是葡人的"山泉"为什么成了华人的"亚婆井"呢？这又有个大善人的传说。

原来这道山水泉，最早是在山上的，居民每每要登山汲水，十分艰苦。据说宋末元初时，有一位从内地来澳避难的老妇人，在此定居。见到居民每日如此辛苦，便自资请工人开凿水渠，引水下山，围池蓄水，大大方便了居民。人们为了记念她的仁善功德，便将这里称为亚婆井。

熟知澳门历史的朋友会对这段传说不以为然，因为澳门是明朝嘉靖后期才开埠，宋元时期岂会有聚居点呢？不过，如此美好的传说，何妨姑妄听之呢！

你看，一道小小的泉水，既滋养了澳门葡人的生命，又流传着仁善老妇的美德；最重要的是，人们在这一道山水泉的周围，聚合而居，生生不息，开枝散叶。他们秉承了山泉的灵性，清秀柔顺，淡泊恬静；两族人民在此和谐共处，同命运，共忧乐，仿似那一泓清清的流水，无惧危石巉岩的重重阻隔，幽幽地奔突于自己的流程上，留下岁月深浅不一的痕迹……

一个神秘的地方

这一痕迹，最明显的，便是亚婆井前地周围的建筑。

置身于亚婆井前地，仿如回到南欧小镇的一角。右边是一列顺山势斜坡而建的白墙红瓦顶房子，这是最典型的葡萄牙民居建筑；左边相邻两座黄色墙身白色线条的建筑，却是具有装饰艺术（Art Deco）风格的公寓式住宅。至于背面，也是一座西式建筑，在门楣处，你还可以见到建于19世纪后期的修筑年份呢。

当你还在疑幻疑真于身处南欧时，请转过身来，向亚婆井前地正对着的一条叫龙头左巷的小弄走去。不几步，你会发现一座高大的中式住宅。这里，便是中国近代著名思想家郑观应（1842—1922）家族的故居"郑家大屋"。

郑观应是谁？简单地说，他写过一本书，叫《盛世危言》，这本书对孙中山、毛泽东等近现代名人都产生过重要影响。澳门的这座郑家大屋，便是郑观应兄弟为父亲筹建的。

这座大屋，又有个神话。

大屋落成的时候，郑观应写了两首诗，名为《题澳门新居》。他于第一首的附记中说，有天晚上他父亲做了个梦，有个仙人指着一个地方对他父亲说：在这里建

具有装饰艺术风格的公寓式住宅

屋子最好。他父亲有天来到亚婆井一带，发现竟与梦中仙人指点的地方一样，于是便在这里造房子定居了……

至此，你有没有发现，亚婆井是一个多么神秘的地方。它是土生葡人的精神家园，是仁慈老妇的善心所寄，也是中国家族的神仙吉地。当然，在这片神秘土壤上最叫人称道的，或许还是土生葡人的聚居地竟与中国商绅的家族大宅相邻并处，鸡犬之声何止相闻，直是相濡以沫，共道桑麻长了。

你看，澳门的寻常巷陌就是如此有趣的地方。一个不起眼的街名，隐藏着一段城市的记忆；一条窄窄的街道，记录着四百多年先人的足迹；一片平平无奇的小广场，诉说着一个特殊族群历史渊源、传说神话；一群相邻而建的中西建筑，见证着一个中西文化和谐共处的佳话。

而当中佼佼者的亚婆井，是一道孕育生命之源泉，更是一道保守澳门中葡文化记忆的活流。

四 莲峰庙

不仅仅是民间祭祀

澳门望厦山，古称莲蓬山或莲花山。其山下西北角的莲峰庙，是澳门三大古刹之一。

莲峰庙跟妈阁庙一样，是官商合建的庙宇，古时既是商户议事的地方，又是中国官员莅澳临时驻节的驿馆，有重要的官方意义；且因清代禁烟钦差大臣林则徐曾于庙内接见澳葡官员，名垂千古。

莲峰庙正立面

莲蓬山下慈护宫

莲峰庙的创建时间，有说明代已建，但据庙内《鼎建纪事碑》所载，始建于雍正元年（1723年）。该碑题为"莲蓬山慈护宫序"，内文说："岁在壬寅，澳中诸君数十辈，偶集于入澳之莲蓬山，览其奇胜，谋建庙于侧以为二圣香火。……其外为天后殿，其内为观音殿，其后为无祀坛，其左为社、为客堂、为僧舍，统曰慈护宫。"

据碑文可以知道：一、今天的望厦山，古时原称莲蓬山，今天庙旁近林则徐像处有一"莲蓬社稷之神"的坛碑，可作旁证；澳门人称莲花宝地，其来有自。二、莲峰庙最早的名称是"慈护宫"，这是因为庙内供奉观音和天后，"慈"指大慈大悲观世音菩萨，"护"指护国护民天后娘娘。三、创建时，慈护宫已有一定规模，除保存至今的天后和观音两殿外，更有社、客堂和僧舍，证明其时有和尚驻锡该庙。

值得注意的是碑文中的"社"，即是商馆。今议事亭前地旁的三街会馆（关帝庙），内里一块乾隆五十九年（1794年）的《重修三街会馆碑记》载："前于莲峰之西建一妈阁，于莲峰之东建一新庙，虽客商聚会议事有所，然往往苦其远，……以故前众度街市官地傍，建一公馆，凡有议者，胥于此馆是集，而市藉以安焉。"莲峰之东的"新庙"就是指莲峰庙，说明该庙是"客商聚会议事"的地方，只是因为距离市中心太远，不便聚会，所以才有三街会馆之设。

慈护宫落成后，又于乾隆四年（1739年）加建关帝殿；乾隆十七年（1752年）重修观音殿，因庙貌簇新，时人称其为"新庙"，比如《澳门纪略》内的"县丞衙署图"就标为"娘妈新庙"，侧面和正面澳门图均标为"新庙"。乾隆四十七年（1782年），据庙内铜钟，增建了痘母金花殿。

到嘉庆六年（1802年），再次重修，据庙内何昶所撰的《重修莲峰庙题名碑记》，规模更有所扩充，"天后殿居前，中为观音殿，后文昌阁，左关帝殿，右仁寿殿"。请留意，此时该庙已正式更名为"莲峰庙"，这是其时香山知县许乃来因该庙位于莲峰侧而改的。这次重修，基本奠定莲峰庙今天的规模，只后来光绪元年（1875年）再次重修。

惜字会捡字纸

今莲峰庙内有仓沮二圣殿，供奉传说中汉字的创始人仓颉和沮诵，就笔者所见，澳门庙宇中似乎"只此一间"。据庙内的《倡善社惜字会碑志》载，光绪三年

牌匾层层

天后（妈祖）殿

龙壁

（1877年）时，澳门有群士绅组织"倡善社惜字会"，宗旨是教人敬惜字纸，并且在莲峰庙内"敬立仓沮二圣之庙"，同时聘请一名专职工人，每日到街上捡拾字纸，且规定"该工人每月初一日至念五日所捡之污字纸用水洗净晒干，以便初一焚化，以表诚敬，庶无亵渎"。读者不要以为这个惜字会是个环保组织，其实他们之所以敬重字纸，是迷信如此虔诚，可以保佑子女科举考试得中功名而已。

林则徐驻节莲峰庙

莲峰庙是官商合建的，所以其庙前有两座旗杆石，是道光十八年（1838年）由香山知县三福和县丞彭邦晦联名送给该庙的，这是其具官庙性质的明证。澳门众多庙宇，只有妈阁庙和莲峰庙有此旗杆石。

林则徐接见葡人像

作为官建庙宇之一，莲峰庙其中一项任务，便是做中方来澳官员临时的住所，庙内一块嘉庆二十三年（1818年）由官方所立的碑志，便明确写道："澳门外关内莲峰神庙系合澳奉祀香火，又为各大宪按遥临驻节公所。"

在莲峰庙接待过的众多中国官员中，最著名的便是禁烟钦差大臣林则徐了。林则徐是道光十九年七月二十五日（1839年9月2日），与两广总督邓廷桢到香山巡阅，翌日抵达澳门。据其日记载"过望厦村，有庙曰新庙，祀关圣，先诣神前行香。在庙中传见夷目，与

林则徐纪念像

之语，使通事传谕，即颁赏夷官色绫、折扇、茶叶、冰糖"云云。当年的英文《中国丛报》也以《林钦差访问澳门》为题报道了这件事，介绍了林则徐巡视澳门的行程，并说："中国居民在数处地方建立了凯旋门，它们雅致地用彩绸及写上颂词的对联装饰；并当钦差大臣阁下将要经过他们的房屋与店铺时，他们摆出有花瓶等装饰的桌子。"可见林则徐的访澳是受到华人居民热烈欢迎的，报道中提及的"凯旋门"应指中式牌楼。

为纪念林则徐巡视澳门150周年，1989年，莲峰庙慈善值理会在庙前树立林则徐雕像，且于1997年建成澳门林则徐纪念馆，使这件历史盛事永传后世。

五　普济禅院

南方寺院文化之旅

澳门规模最大的佛寺——普济禅院，俗称观音堂，人所皆知。不论市民或游客，到这里主要是焚香礼佛，其实，普济禅院有着深厚的文化蕴藏。

创建历程

普济禅院的前身是一座观音堂，创建时间未知；现时庙内存有一口崇祯五年（1632年）的铁钟，可见至今最少有三百多年的历史。普济禅院这个名称最早出现于康熙三十一年（1692年），其时广东著名诗僧释迹删游澳，写有《游澳门宿普济禅院赠云胜师》。五年后，广州长寿寺住持、著名的反清僧人大汕和尚斥资扩建禅院，并派自己的徒弟循智出任住持，因此普济禅院奉大汕为开山祖师。今天庙内后山的花园，1977年建有一座牌坊，上书"大汕宗风"，即为纪念和说明自家渊源的。禅院其后于嘉庆二十三年（1818年）和咸丰八年（1858年）两度重修扩建，形成今天三进三

大雄宝殿（陈显耀摄）

禅院入口大门

楹的规模，成为澳门最大的禅宗古刹。

庙宇里的文化之旅

即使你不是信众，到普济禅院参观，仍然是一次难得的文化之旅。从进庙门开始，大家不妨抬头欣赏瓦脊上精美的灰塑雕饰，是澳门寺庙中少数保存完好的上乘之作，这些光绪二年（1876年）的灰雕，不但颜色保存鲜艳，人物造型多姿多彩，而且神情栩栩如生，反映了广东灰雕艺术的水平。

大雄宝殿瓦脊陶瓷塑像

"马可·波罗"罗汉像

到普济禅院，做过攻略的游客会专门到观音殿参观一尊"马可·波罗"罗汉像。许多人都知道马可·波罗是著名的意大利旅行家，元朝时到中国，返国后写出轰动欧洲的《马可·波罗游记》。一个意大利人怎么成了佛教的罗汉，而且落户澳门呢？原来，普济禅院曾有一位住持来自广州的华林寺，而华林寺以供奉五百罗汉著名，其中就有一尊是以马可·波罗为原型，称德善尊者。这位大和尚从广州来到澳门做住持，把德善尊者也带来了。

当然，普济禅院最易被人忽略的"景点"，是其后山花园。只要穿过东侧几个厅堂，很容易便来到这里的。过来的时候，不妨留意一下沿路的匾额，都是文化名人的手迹，包括岭南派大师高剑父所书的"斋堂"二字。到后花园，首先见到的，便是盛传为中美《望厦条约》签订处的石案；再沿小路转弯前行，景色便豁然开朗，只见树木婆娑，花香暗浮，高大的"大汕宗风"牌坊赫然在目。转过牌坊，便是近年新增的碑廊，收集了众多名家大师的书法墨宝，雕刻立碑，传诸后世。碑廊分两层，近三十多块，让你痛快地享受一顿中国书法和诗词艺术的盛宴；澳门人熟

岭南画派大师高剑父题写的"斋堂"匾

崇祯五年（1632年）铁钟

后山牌坊上书"大汕宗风"

后山碑廊

悉的梁披云、林近、陆康、李鹏翥等书法大家和文化名人的书法石碑在第二层。

转过碑廊，会见到一座墓穴，这便是"八十二人冢"了。清同治甲戌十三年农历八月十二日（1874年9月22日），澳门发生一场特大的风灾，死伤惨重；风灾过后，捞到82具浮尸，时人原将其合葬于沙岗，后于1905年，因修路而须迁至现址。此冢可谓澳门自然灾害史的一个重要见证。

观音开库

普济禅院最著名的宗教节日，便是每年正月二十六日的"观音开库"。这传统源自广东顺德一带，传说每年正月二十六的子时至亥时，是观音菩萨大开金库，"借钱"给民众的时候。按农历，晚上11时起已算踏入第二天，因此，每逢正月二十五日的半夜，大批信众便会涌去普济禅院，带备大批的"金银"祭品焚烧祈求，向观音求财，并替家人祈福。不过，按传统，向观音"借钱"是要还的，一般是今年借明年还；要是"借"了钱，发了财，却没有还，据说这些财会很快不见的。当然，借钱多少、利息若干，那是信众与菩萨之间的事了。

庙内面貌（陈显耀摄）

（二十七）

《望厦条约》签订处

澳门望厦村是中美《望厦条约》的签订处，众所皆知；但是，具体的签署地点在哪里，似乎没有明确记载。一般澳门历史著作，均以普济禅院为签署地，庙内更圈出花园的石案，说是签约之处。不过，澳门史学者谭世宝教授在2007年发表《〈望厦条约〉签订处及名

据说是《望厦条约》签订处的石桌石凳（陈显耀摄）

称之异说考辨》一文，提出说《望厦条约》是在莲峰庙内签订的。

笔者某日上网，偶然在美国国会图书馆的网页内找到一幅水彩画，画的内容正是《望厦条约》签订的地方。

该画属美国国会图书馆"美国记忆"（American Memory）专项的"顾盛专档"（Caleb Cushing Papers）文件。顾盛（Caleb Cushing）正是当年签约的美方代表团团长。

这幅水彩画的近景是两大棵枝叶非常茂盛的参天巨树，树底下一座中式金字顶大门入口，清晰可见屋脊有灰塑装饰，大门两旁是墙壁围绕；大门连接着台阶，有

人行走其上；台阶的两旁则可见有途人三三两两聚集。

据网站介绍，这幅水彩描绘的，是中国澳门的观音庙（The Buddhist Temple of the Goddess of Mercy），1844年中美首份条约在此签署。其实，这幅画下方有两行英文字，上书"Temple where the Treaty was signed July 3 1844 in the Village of Wang Heia in the racinity of Macao"，中译就是"1844年7月3日条约签署的庙宇，位于澳门附近的望厦村"。

画的作者叫George R. West，据介绍是当时美方代表团的随团画家（official painter）。

从这幅画看来，这座"观音庙"较像普济禅院，而不像莲峰庙。历史真相如何，还待学者努力揭开谜底。

记录《望厦条约》签署庙宇的水彩画，现藏美国国会图书馆

六 观音古庙

古刹背后的故事

观音古庙位于美副将大马路，与澳门名胜普济禅院同一条街。普济禅院更为一般游客熟悉，观音古庙却是本地人常往的；当然，一般游客更不会知道其邻接的城隍庙里隐藏着一段澳门"旺厦乡"的故事。

观音古庙和城隍庙正立面（陈显耀摄）

创建历程

据庙内的《重修观音古庙碑志》载，观音古庙是"道光初年牧童所建"的，可知其立庙时间不会早于1821年。关于牧童创庙的传说，王文达《澳门掌故》内记载说，昔日此地有个牧童，在观音像下捉到一只巨型蟋蟀，带去斗蟋，每次都赢。那个牧童想到蟋蟀是从观音像处捕到的，感念菩萨的庇佑，于是独力营建一间小小的庙宇，来报答神恩。

这间相传由牧童独力所建的庙宇，非常小，碑志说是"浅狭不堪容膝"，那就是说庙内窄到连跪拜也不成，因此只能在庙门外参拜，但门前有座祀坛阻碍，连拜神也不能正经地拜。有见及此，庙宇所在的望厦乡民便自行筹款，于同治六年（1867年）扩建庙宇，供奉观音、吕祖、财帛星君、金花和痘母，殿旁还设有客厅厨房。

今天的观音古庙基本上仍如旧貌，与

观音古庙内殿（陈显耀摄）

观音像

城隍庙入口大门

城隍庙内的张王爷像

澳门其他庙宇不同的是，庙内中庭长着两棵参天巨树，穿越檐顶，巍峨非常，成了庙中一道景观。

城隍庙与张之洞

与观音古庙隔壁紧邻的城隍庙，创建于光绪三十四年（1908年）。从庙内的《倡建城隍庙碑志》内容可知，它的创建与当时澳葡政府实行殖民扩张，强行霸占望厦乡土地有关。乡民空有爱国热情，眼见土地为外人所占，心中非常惆怅，遗憾没有贤明的官员来护持帮助，于是合议建城隍庙，希望神灵来"慑人心而正风俗"。

值得留意的是，该碑志中，望厦乡的乡民自称"澳门旺厦合乡绅耆"，当中"旺厦"两字，乃故意改称，有"兴旺华厦"的意思，可见当时乡民的爱国情怀。

同时，城隍庙从创建伊始，就供奉着洪圣大王和张王爷。当中的张王爷，不是什么传说中的神仙异人，而是一个当时还健在的朝廷大官张之洞。

张之洞（1837—1909），是晚清名

臣，提出"中学为体，西学为用"的主张，是后期洋务运动的重要代表人物。他于光绪十年（1884年）起任两广总督，其间正逢中葡展开澳门问题的谈判。光绪十二年（1886年），中葡签订《里斯本草约》，当中有"中国坚准葡国永驻管理澳门以及属澳之地"和"未经中国首肯，则葡国永不得将澳地让与他国"两条丧权条文，张之洞对此极力反对，奏议朝廷暂缓签订正式条约，并提出澳门旧界止于关闸外围墙，其余地方不容葡人侵占。但张之洞的主张并未得到朝廷采纳，中葡两国终于1887年年底于北京签订《中葡和好通商条约》，正式确立葡萄牙对澳门的管治权。

《草约》内容谈判期间，张之洞非常关心澳门的主权，曾派出广东巡抚吴大澂亲临澳门视察，又向清廷上疏嘉奖望厦乡民"知守义"。虽然张之洞从未到过澳门，但由于他对澳门领土主权的关心，受到望厦乡民的由衷敬佩，因此即使他当时仍然在世，乡民依然为其塑像，将其神位供奉于城隍庙内。

如今望厦早融为澳门一区，然而抚今追昔，到城隍庙参观时，不妨缅怀张之洞与澳门的这段历史因缘。

七　莲溪新庙

感受中国民间艺术

在澳门新桥区的小巷里，隐藏着一座街坊熟悉的莲溪新庙。

它或许不及其他大庙知名，但在小小的空间里，却融会中国民间建筑与雕塑艺术于一炉。要上一堂中国民间艺术课，莲溪新庙是好课堂。

莲溪新庙正立面（陈显耀摄）

旧时莲溪

莲溪庙之得名，乃系因为它位于莲溪的右岸。这条"莲溪"，据王文达先生说，是濠江的小支流，用以灌溉今新桥区一带的田地。由于这里是海水与河水的咸淡交界处，溪水带咸味，所以莲溪又被称为咸涌。可惜，这条溪于20世纪30年代被填成马路，即今天的渡船街一带。

有兴趣的读者，不妨翻阅一下出版于18世纪中叶的《澳门记略》，在其所附的《正面澳门图》上，在望厦村与三巴门之间，很明显地画着一条溪流从内港入半岛，再分成三条支流；在溪入口处，更有一座桥连接两岸。这便是"莲溪"了。这入口处，便在今大兴街口。当然，这些都是旧时风景了，不管溪或桥，都已不复见。

太岁像

土生葡人的创庙传说

幸好，这里尚有一座莲溪庙，作为历史见证。

王文达先生介绍说，早期莲溪庙一带，周围都是农户茅屋，因此很容易招惹火灾。时人迷信，便商议在莲溪边上建一座

罗汉像

庙，供奉水神北帝和火神华光，以保安宁。这便是莲溪庙创建的因由。

不过，大凡庙宇的创建，都离不开一些神怪传说的，莲溪庙也不例外。据澳门土生葡人作家高美士先生在《澳门传说》里记载，莲溪庙的创建与一尊玄武大帝的神像有关："有一天，有人看见水面上漂浮着一具玩偶。船家觉得非常奇怪，他们认为玩偶是超自然的东西，所以非常害怕，甚至为此'伤透了脑筋'。人们燃点香火，想令这玩偶离去，然而，它依然每天下午于涨潮时分准时出现在同一地点。一位不太迷信的船家大胆地将它从水中捞出来，发现那原来是一具人形玩偶，没有头发，却有着长长的胡须，赤着双足，这恰恰是大家熟悉的北帝的形象。事情真相大白。于是船家们决定集资修建一座庙宇，供奉这位神仙。人们坚信他的到来象征着好运气。"

看来北帝与莲溪庙的渊源甚深。高美士更记载说，北帝曾经化身人形，出现于小朋友眼前："很多年前，有三名孩童进入庙中玩耍，他们远远望见在背靠神台处有一个男人，赤着双足穿着长长的道袍，他的头顶光溜溜的，胡子长长地垂下；此外，他的身边分别跟着一头龟和一条蛇。孩子们确信这就是北帝本人，大吃一惊，连奔带跑地回去告诉父母这件奇事。"听了这个故事，熟悉天主教的朋友，可能会联想到花地玛圣母的事迹：圣母在葡萄牙的花地玛地区向三个小牧童显灵。中西方的宗教文化，看来也有异曲同工之妙呀。

重修新庙

不管起因是什么，在附近居民的集资下，莲溪庙于道光十年（1830年）创建了。据庙里的碑志所记，最早时主殿供奉北帝，旁边还供奉财帛星君、五显华光大帝、华佗、文昌等。如是者，香火鼎盛四十多年。没料到同治末年（1874年）八月，一场著名的"甲戌风灾"把全澳的房屋，包括现存的许多文物建筑，都不同程

度地毁损掉。莲溪庙也不能幸免，被
吹得殿倾梁折，搞到信徒无法入内
参拜。翌年，由于平日的香油钱有盈
余，信众于是重建庙宇，恢复旧貌之
余，更加筑两个殿堂，供奉观音大士
和金花娘娘，于光绪元年（1875年）
重开，并改庙名为"莲溪新庙"，形
成今天的规模。

王文达先生说莲溪新庙后来也屡
遭台风摧残，庙宇损毁，导致香火寥
落。幸好在1950年得著名粤剧演员马
师曾义助，演戏筹款，才有资金重修
殿宇。事实上，以前莲溪庙前有一大
片空地，可供搭棚演戏，每逢神诞，

华光殿（陈显耀摄）

这里便弦音不绝，粤曲绕梁。只是到1952年，庙前空地拔地而起一座永乐戏院，粤
剧戏迷便得进戏院观赏大戏了。

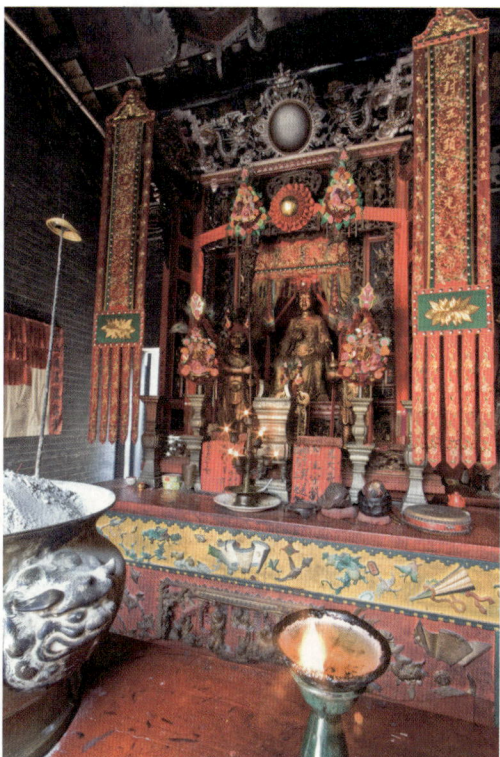

传统庙宇艺术圣地

今天的莲溪新庙，占地600平方米，分左、中、右三路。它的名头不及澳门三大
古庙（妈祖阁、普济禅院、莲峰庙）响，然而笔者却很愿意推荐给那些对中国传统
艺术感兴趣的朋友，应该到此一游。澳门的大庙，一来游人众多，难以细心参观；
二来内里的佛像、装饰，不是被围起，便是被香火熏黑，难以见到真面目。莲溪新
庙是个近距离欣赏中国传统庙宇艺术的好地方。

人物砖雕

屋顶的瑞兽雕塑

众位夫人排排坐，示范如何"课儿"

　　先是那入口立面两侧的砖雕，在其他庙宇便不能这么容易见到。虽然雕刻的内容还是传统戏曲场面，可那栩栩如生的人物造型，仍然叫人看了觉得可爱。再抬头看左右两边山墙上的两头石狮，双眼圆睁，神态威猛。它们可是本澳最大的墙头装饰，使人信服它具有镇妖压邪的法力。

　　进得庙内，除各大殿供奉的北帝、华光等主神外，最叫我感兴趣的，便是太岁殿里的六十尊各个年龄的太岁、金花殿里的众多夫人，以及罗汉殿的十八罗汉。澳门的教堂里可以见到许多圣像，可是到中式庙宇，要一次近距离见齐数量如此之众的神像，在笔者印象中，莲溪新庙是首选。你仔细看看，虽然这些塑像做工不算精美，然而个个神态各异，造型多样，个性强烈。看着这些塑像，你哪里会去想它们是各路仙家异人，反倒觉得是街心公园里闲坐的街坊近邻，和蔼可亲、平易近人；尤其是金花殿里的众多夫人，都被孩子缠身，却个个面带笑容，一派慈母顽儿的景象；有尊更被孩子揭开衣服要喝奶，直是往日乡间生活的回放。与西方宗教雕像个个面容严肃不同，从莲溪新庙的雕塑群中，你可以感受到中国民间宗教的人性和亲和力，这是与别处不同的体验呀。

深度解码（二十八）

莲溪新庙华光传说

华光大帝是港澳民间熟知的神祇，以"三眼华光"著称，莲溪新庙的侧殿也有供奉。

这位华光大帝正式名称应是灵官马元帅，又叫"三眼灵光""三眼灵耀""华光天王"等。《三教搜神源流大全》中有其传记。据介绍，这位马元帅原系如来佛身边的至妙吉祥，因犯事而被罚下凡。不过，虽系凡人，这位马元帅天生异禀，生下就有三只眼，而且法力高超、神通广大。《三教搜神源流大全》就记载

华光神像

了他杀东海龙王、降乌龙大王、斩扬子江龙、大闹龙宫，以至入鬼洞、战哪吒，甚至与齐天大圣大打出手的故事，总之这位灵官马元帅可谓集哪吒与齐天大圣本领于一身。不过，中国南方多视华光为火神。道教定阴历九月二十八日为马元帅神诞，然而他八月初一那天就开始下凡；如果八月初一下雨，就预示那年少火灾。所以八九月期间就得打"华光醮"，以祈求华光庇佑，免招火灾。

刘易斯·高美士（Luis Gonzaga Gomes）在《澳门传说》一书中，记载了莲溪庙信众祀奉华光的情况，说："为了庆祝他的诞辰，人们常常接连几天在庙宇前方用棕榈叶和竹枝搭建戏台子，在那儿演出热闹的传统剧目；而僧侣们则会在庙里进行庄严的诵经仪式，诚心祈求下一场大雨，雨水越充足，信徒们就越高兴。那些住在澳门的老居民认为，所有这座城市里发生的可怕火灾，都是由于在华光生日那天没有落雨的缘故。"

高美士又记载说："有一年，莲溪庙前的戏台子着火了，所有人都认为火焰顷刻间就会毁灭性地吞噬整个戏台子。因为当时不但有风，而且没有足够的水可以用来扑灭大火。然而，出人意料的是，突然间，狂风停了，下起了倾盆大雨，大火很快熄灭了。这件事之后，信徒们对华光更热爱了。"

传说的迷信之处，当然不可尽信。然而作为民间谈资，读者姑妄听之，聊作一粲。

深度解码（二十九）

坊众合力修莲溪

出版于1893年至1899年间的《镜海丛报》，有两则与莲溪新庙重修有关的报道，转录于此，以见当时的民俗民情。

第一则道光二十一年（1895年）九月初六，题目是《劳民伤财》，里面说：
"澳地近以莲溪庙奠土，各等华商于华历十月中旬举行大会，彩色华灯、名班杂剧，日夜喧排，约需万数千金而始能竣事焉。在东华医院集议，各行店多有不愿捐题巨款者。连日议举董三百名，酌藉德邻社为议事处，共得董三百四十余名，每名约出银若干，另持缘部。又闻莲溪庙共存一千四百金，经被各董提拨净尽，所有支款，尚无所措。拟在莲溪庙内旧存揭单，提出作按，暂向医院及商店藉款应支。"

另一则刊于九月十三日，题目为《赛会已成》："澳门举行莲溪庙奠土演戏赛会一节，前因商情艰滞，大疫之后，人甫宁居，捐资不甚踊跃，以故将成而变更者，约有数番矣。今经议定，番摊、围姓各公司先捐数千底，余则各商店量力为助，凑成盛举。康公庙提出庙尝二千金藉襄各事。初议提拨此款之时，理只允付给千元，澳中有一人厉声对众大言曰：'菩萨无儿，留此多金何为？此亦为神而设，何惜庙储，省此洋佛千枝，滞阻众家兴致！'董畏而诺诺，大约分投题捐，分投措办，岭梅初放时，定有一番闹热。"

从这两段记载可知，一座庙的建成与维持，端赖合众多善长仁翁之力而成。澳门近年有争夺庙产的纷争，想到阖澳庙宇，大都合坊众之力而建，岂可为一群人所独占？让先人得知，宁不羞煞愧煞？

八 圣方济各（加思栏）炮台及兵营

曾守护澳门海防第一线

在澳门闹市有个著名的加思栏花园，加思栏花园上面有座占地广大的西式建筑物，前面小广场停了许多警察车辆，门口又有警察站岗，一般人不知就里，当然不敢贸然走进去。这座建筑是澳门保安部队事务局大楼，里面有一个"澳门保安部队博物馆"，与其相连的是加思栏炮台，欢迎游客进内参观。

澳门保安部队事务局徽章

位于闹市中的后花园（陈显耀摄）

"加思栏"和加思栏炮台

保安部队事务局办公大楼所在的位置，昔日是圣方济各会院，始建于1580年，后于1864年被拆掉，改建为兵营。早期到澳门的方济各会会士，大都是西班牙人；由于葡萄牙文称西班牙人为Castelhano，中国人就以此谐音，称圣方济各会院为

"伽斯兰庙"，"伽斯兰"一名由此传下来，后改写作"加思栏"。但在葡文里，仍保留"圣方济各"的名称，比如加思栏花园，葡文为Jardim S. Francisco。

加思栏炮台修建于1629年，位处澳门半岛的东端，紧扼着澳门与氹仔之间的海路要津，守护着当年的海防第一线；其内大炮火力强大，射程最远可达鸡颈（即氹仔）。由于要兴建兵营，最早的炮台于1864年被拆去，另建一新炮台；而今则只剩下其外的围墙，让人凭吊当年盛况。

约1920年的加思栏炮台及兵营，其对开海面已填海，即今葡京娱乐场位置（澳门档案馆藏）

认识澳门保安部队

澳门保安部队博物馆早在1984年时便已设立，当时名为军事博物馆，到2004年年底才改为现名，并免费对公众开放。馆内展品琳琅满目，都是昔日澳门保安部队曾使用的器物，包括警队控制室仪器、服饰、通讯设备、不同警种使用的器材，以及警察银乐队用的乐器、警察电单车，以及保安部队事务局（加思栏兵营）及关闸边检大楼的精致模型各一。

一进入博物馆大堂，最"夺人眼

昔日警队控制室仪器模型

昔日交通警察指挥岗亭

花园里的古炮

球"的是摆放在左右两边的四座大炮，法国开克斯6磅后座舰炮、有膛线前膛炮之类，都是我这等军事外行看似甲骨文的天书名称。然而叫什么不重要，重要的是它们都沉甸甸、冷森森地"压阵"在展厅中，让你近距离一睹这些在军事小说里被描述得威力无穷的杀人利器。

此外，展厅里还挂着许多历史图画和照片，介绍加思栏炮台和兵营，以及澳门保安部队的历史。

闹市中的小花园

从大堂右边走出去，便是今天的后花园、昔日的加思栏炮台旧址了。这里遍布盆栽、花草，姹紫嫣红，郁郁葱葱，一派盎然生机。在花草绿意的掩映中，花园的一角摆放着一架英国制的25磅野战炮，让人猛然记起这里昔日的军事角色。再往前行，便到了高高耸起的围墙顶了，沿周边摆放了几座小炮筒，响荡着历史的回声。

置身在澳门海岸防卫第一线的炮台旧址里，有两种奇妙的感觉交织着。一种是历史的，感叹着昔日满布着枪炮，戍守着重兵，蒸腾着杀气的炮台，化成今天幽静宜人的小花园，何其天壤之别。

另一种是精神的。以往加思栏炮台对出便是海边了，然而沧海桑田，今天的炮台周边不仅早已被填海扩充了大片土地，更且高楼林立，天桥横跨，车水马龙。可是，对着顶天矗立的庞然巨厦，以及底下轰鸣而过的川流车声，这小小的花园却竟似独立于这一片繁华喧闹之外，你不仅可以在这里尽情呼吸闹市中难得一闻的花草幽香，而且，还可以听到鸟儿的啁啾叫声！这实在是个很神奇的体验。试想想，眼前有一连串汽车从天桥匆匆驶过，但耳边响起的却是鸟鸣声，那时那刻，你会错以为自己身在被透明玻璃围起的温室里，静看外面纷繁的名利风云生变……

九　德成按——典当业展示馆

独特的典当文化

典当，又称当铺或押店，是专门以收取抵押品而放款的古老信用机构。由于旧时当押业利润可观，所以有"若要富，开当铺"之说。

当下澳门各大赌场附近，当铺环绕，尤其是在晚上，当铺的招牌霓虹灯闪烁，分外醒目。但这些都是新式当铺了，若要领略旧式当铺风情，则非要到新马路上的"典当业展示馆"不可，这里完整地保留了昔日澳门大型当铺之一"德成按"的建筑格局，让你亲身体会广东的典当文化。

当铺侧门

德成按外立面

昔日德成按旧照

展示馆保存昔日德成按风貌（陈显耀摄）

德成按历史

澳门的典当业始于何时，不得而知，但肯定有清一代，澳门便已有当铺；到清末澳门赌摊林立，当铺更是当时得令，成行成市。1904年正月初九的《澳门宪报》便刊载有《澳门当按押铺章程》，可见其时当铺已成规模，政府需要特设章程来规范经营。按该章程载，其时当铺分两等，"第一等为大当铺；第二等为小当铺。其所押之物，押价在一钱以下，即中国人所谓旧料押者，则不在此两等之内"。也就是说，当铺是不做一钱以下的小买卖的。另外，"大当铺当对象之期，至多以三年为满；小当铺以一年为期满"。

到抗战时期，澳门人口激增，百姓生活艰苦，只能靠典当度日，澳门当铺业达到其黄金时代。20世纪七八十年代，新式当铺兴起，旧式当楼日渐式微，停止营业。

位于新马路的德成按，是至今仍保存完好的澳门旧式当铺，于2003年被开辟为"典当业展示馆"，让人一睹这个有上千年历史行业的内里风光。

德成按创办于1917年11月，由黄孔山及高可宁各出资1.8万两银合办，记载这事

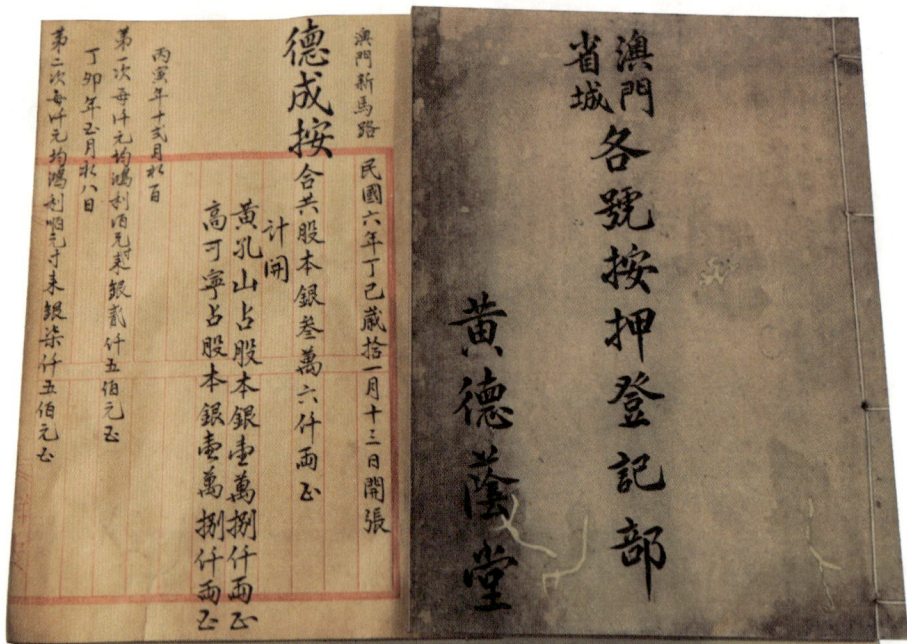

记载德成按创办资料的《澳门省城各号按押登记部》

的《澳门省城各号按押登记部》可在展示馆内见到。创办者之一的高可宁（1878—1955），是澳门著名的赌商，更有"当押业大王"之称，据说其名下当铺遍布粤港澳。

当时，新马路上罕有高楼建筑，德成按的货楼由于楼高七层，巍然耸立，成了新马路鹤立鸡群的瞩目建筑。到1992年，由于其独特的建筑风格，被列为澳门文物建筑，受到法律保护。可惜，时移势易，随着旧式当铺的式微，德成按亦于1993年结束营业。

高耸入云的货楼　　　　旧式当铺入口都有红色"遮羞板"　（陈显耀摄）

典当流程

今天的典当业展示馆完整地保留着昔日当铺的格局。以前的人想典当物品，一般从正门进，进入写了个大大"按"字的"遮羞板"后，把物品向上递高给坐在铁栏栅隔着的朝奉，由其估价，开立当票，拿到钱后，就由侧门离开，免被熟人看见。

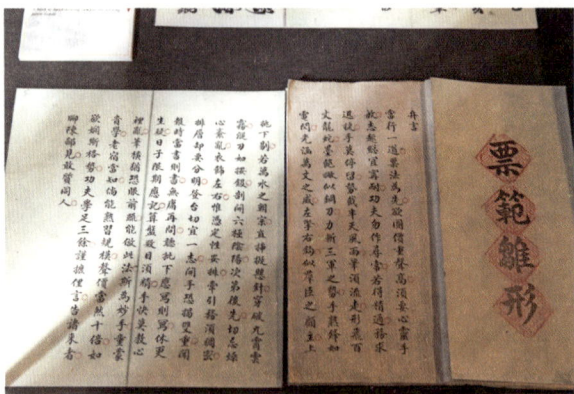

教伙记写当票的《票范雏形》

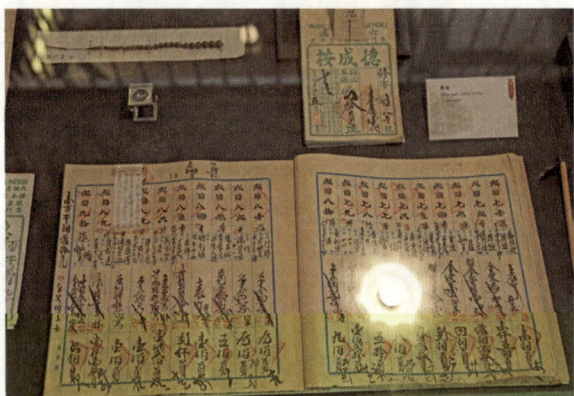

德成按账簿

　　朝奉都是由店主或信得过的老伙计担任，必须经验丰富，够眼光，能判断典当物的真伪，更要懂得时价，方能开出合适的价钱。朝奉身后有专门的写票人开写当票。以前广东的当铺，当票上一般不写典当物名称，而会把金器写成"充铜"，玉器写成"粉石"，酸枝写成"废木"，棉胎写成"花屎"，珍珠写成"珠末"之类，总之，明明完好无缺的，都要写得破烂不堪。展馆内现有一份《票范雏形》，

货楼底层的保险柜

存放典当物的货架

教人如何练写当票书法的，上面标写着"原裂烂穿孔旧衫仔壹件""原虫口咬烂穿孔旧布裤壹条"，那些书法都写得"鬼画符"般，外人根本难以看懂。之所以这样做，当然是为保障当铺的利益了。

朝奉收了抵押品后，就交给专门的包装人员"折货头"包好，按天干地支写好存放资料后，就收入货楼。德成按的货楼紧连着当铺，中间只以极窄的"冷巷"相隔。货楼的地基起得高，用来防水。广东当铺的货楼一般呈方形，以花岗岩石建造，墙壁坚厚，窗户狭小，仿若炮楼。据说楼内还备有石块、石灰，用来防火和防盗，有些还聘用专门保镖看守。德成按的货楼亦是如此，楼高七层，达22米，最底层放保险柜，上面几层则放木架，那些抵押品就存放在这里。

典当业展示馆经修复后，除保留原来格局外，更设置专柜展出与当铺有关的文物；甚至有在德成按工作了四十多年的朝奉梁华细说当年的口述历史录音，非常值得一听。值得一提的是，2010年于上海举行的世界博览会上，德成按曾被"复刻"于世博会的"城市最佳实践区"内，供中外游客领略澳门独特的典当文化。澳门是港澳台地区唯一提供建设实物案例的城市，同时也是亚洲四个建设实物案例入选城市之一。

当铺习俗

当铺跟中国许多行业一样，也有其独特的习俗。据介绍，当铺开张那天，第一项典当物，店主不会议价，任由典当人开价。有些穷人便专门趁当铺开张大吉之日，带备布裤争排头位，第一的价最高，第二的略低。店方以高价买入布裤后，便用大红袱包裹，上面贴上写有"大富大贵""一本万利"之类吉祥语的红纸，再挂在货仓中间。之所以是布裤，不过取"暴富"的谐音，图个好彩头而已。

此外，老朝奉梁华介绍，以前当铺还有"当人"的风俗。以前的婴孩夭折率高，家长怕孩子养不大，特意到当铺，先抱婴孩拜门口地主神位，之后当铺写一张"长命富贵"的当票给他，算是"当"了，家长则奉上利是，算是"赎"了，这一当一赎，便算是消灾解难，保佑孩子健康成长……

展示馆内貌

十 卢廉若公园

从私家花园到公共园林

说到卢廉若公园（卢九公园），澳门无人不识。这片坐落于繁华的荷兰园大马路末段的公园，因着它独步港澳的苏州园林美景，吸引无数市民、游客到此或休憩静思，或观鱼赏荷，或跳舞耍剑，或拍照绘画；总之，只要愿意踱进这片园林，管保你将石屎森林中的种种烦忧俗虑涤除殆尽。

卢廉若其人

这座公园是澳门著名富商卢廉若家族的私人园林宅第，故以其名来纪念。

卢廉若，名鸿翔，字圣管，廉若是他的号。他出生于光绪戊寅年（1878年），广东新会人，其父便是澳门著名的第一代赌王卢九（者）。卢廉若年轻时考过科举，可惜屡次考不上；后来做过幕僚，不过他很快就厌倦，便告假回乡。他创组义学，倡办普仁堂，算是为乡里做好事了。后来迁居澳门，

娱园内九曲桥（陈显耀摄）

挂于大堂巷七号卢家大屋里的卢九（右）、卢廉若（左）父子照片

继承父业，经营澳门山票、铺票、鸦片等行业，又是南洋烟草公司大股东、宝亨银行两大老板之一。

发财之后，卢廉若不忘立品，秉承在乡里乐善好施的传统，创办澳门孔教学校，招纳贫苦少年入学，又多年出任澳门镜湖医院总理。更难得的是，卢廉若支持孙中山革命，曾于1912年、1913年两次接待孙中山访澳，下榻在今天卢廉若公园内的春草堂。

卢廉若一生成就获得中葡双方的肯定。葡方于1913年授予葡萄牙三等嘉章，1925年授予基督一等勋章。中国方面，他获清政府诰授资政大夫、花翎一品顶戴、浙江补用道禀贡生；民国四年（1915年），其时总统黎元洪令赏他"三等嘉禾"章及"乐善好施"匾。由于卢廉若在澳门的公众生活中举足轻重，所以当他1927年7月15日病逝于澳门时，"中外士庶皆相气息，出殡日，全澳下旗志哀，澳督夫妇步送，执绅者逾千人……"真可谓生荣死哀。

从娱园到公园

卢廉若公园（卢九花园）前身就是卢廉若主持修建的私家花园"娱园"。

之所以修建娱园，据《卢公廉若荣哀录》载，卢廉若"侍王父王母以孝闻，筑娱园，泉石、林木罗列，几席以承色笑"。汪兆镛写的卢廉若《墓志铭》也说他"性孝友，筑园娱亲，因名娱园"。可见娱园是卢廉若为孝顺父母而建的，"娱"就是想父母在这里住得快快乐乐。

至于娱园的修建年份，不见具体记载。《澳门宪报》1908年3月21日登有一则市政厅通知，说："为卫生起见……北至柯高大马路，南至罗利老马路，东至新筑第二街通过卢九花园之西边，西至连胜马路，以上一带地方内之田土不准人耕种蔬果……"柯高大马路即高士德大马路。内文所说的卢九花园，便是娱园了，可见娱园1908年时已有。

娱园里欧式建筑

公园入口雕像

据澳门著名文化学者李鹏翥先生描述，当年的娱园"东起荷兰园马路，南临罗利老马路，西邻贾伯乐提督马路，北接柯高马路，除东南角为另一家住宅，西南角为丽芳园外，占地广袤，成一个倒转的凸字形"。如此大面积的土地，原本都是龙田村的耕地，卢廉若特意请来香山人刘光廉任设计师，仿苏州园林景致，将亭阁水榭、红花绿竹、曲径荷池、奇石岩洞，统统搬到濠江小城，蔚为仙境。

这刘光廉可是有来头的。他是香山（今中山）人，原名刘光谦，字吉六，更名光廉，别署三台山樵，曾在广西任知府，后罢官隐居澳门，民国后以书画自娱。今澳门博物馆藏有他一张《眉寿图》。他除了帮卢廉若设计娱园外，亦负责设计近代著名实业家徐润的私家花园"愚园"，该园位于离澳门不远的拱北北岭。

后来，偌大的娱园四分五裂。据李鹏翥先生说："今日东南、东北、西南以及西边部分，都成民居式大厦；北部大宅成了培正中学的校址，仅余南部成为公众游览的卢廉若花园。"卢廉若公园得以建成，有赖澳门名人何贤先生促成。李鹏翥先生介绍说："1973年，名园构筑面临尽夷平地、拆建为大厦的命运，幸何氏为保存此一富有中国色彩的园林，半卖半送给澳葡当局，并得培正中学腾出九曲桥一角，玉成辟为大众游憩的公园计划。经过修葺，于1974年9月28日开放。"

今天的卢廉若公园，已是澳门名园，石屎森林中的绿洲。若你苦于路远，无法亲走苏杭体会园林胜景，一定要到卢廉若公园来领略缩江南山水于咫尺的画卷诗意。

浮绿处亭

挹翠亭

九曲桥光影

骚人墨客咏娱园

卢廉若公园（娱园）不但是一座美不胜收的园林，更是让骚人墨客流连忘返、题咏不绝的文化胜景。自该园落成以后，由于主人卢廉若兄弟喜爱结交文人雅士，因此当时在澳或访澳的名士，大都到过娱园为客，或者相约雅聚；文人相聚，自然喜好吟诗作对，因此今天卢园之中，名联佳句处处，名人诗词更是多不胜数。

最著名的要数汪兆镛写的《竹枝词四十首》之一（大约写于1918年）：

竹石清幽曲径通，名园不数小玲珑。

荷花风露梅花雪，浅醉时来一倚筇。

短短四句，将娱园的景致风情全写了出来。汪兆镛在诗后自注云："卢氏娱园擅竹石之胜。有梅花五百树，香雪弥望，池荷亦极盛。"余为亭联云："人间何

春草堂

娱园入口（陈显耀摄）

假石山

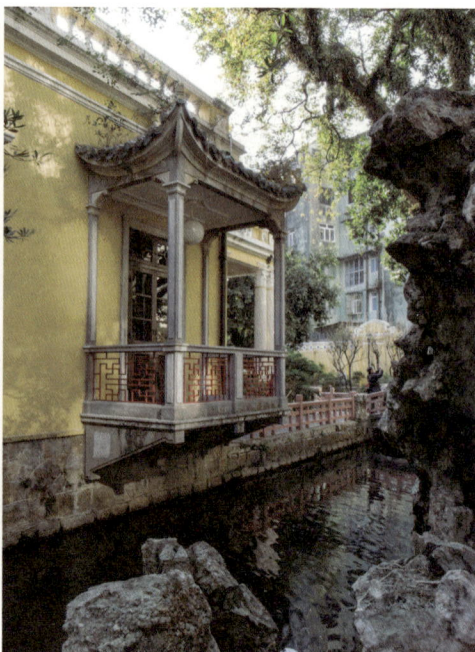

中西结合的建筑

世，海上此亭。"又于竹石佳处联云："竹屋词境，石林文心。"从汪兆镛的描述可知，原来当年娱园里种有五百棵梅花之多，想到冬日梅香吐艳，置身其中，怎不迷人欲醉。

另一篇写娱园风景的，当数张学华写于1939年的《题卢煊仲〈娱园雅集图〉》。他描写道："此地不受烽烟厄，灵光独峙常能存。主人冈州旧名阀，筑园奉母陔华洁。机云分住屋西东，春草堂开娱岁月。拓地十亩劳经营，审曲面势不肯平。回栏几折愈幽邃，奇石万态何峥嵘。中有一亭翼然出，俯仰足使尘襟豁。树色山光润欲流，绿意红情荒末歇。每逢胜日宾筵开，置身恍自金谷来。"

卢煊仲是卢廉若之弟。这首诗不但描述了娱园风光，更透露娱园是卢氏兄弟艰苦经营，辟地十亩修筑来奉养母亲的，而且兄弟二人分住西东两屋。

十一 氹仔龙环葡韵

浓缩的葡国风情

龙环葡韵的五座葡式小洋房，就像五块绿翠翠的玉佩般，镶嵌在氹仔岛的海岸边陲，在中国渔村里透出清秀的异国风情。

夏天到这里，伴随着五座各具主题的翠绿建筑的，更有一大片同样是绿油油的荷塘，散发阵阵清甜的荷香，供你闲坐于岸边木椅，静观路氹城的日新月异，或默思出淤泥而不染的生命精神。

住宅博物馆

坐落于氹仔圣母湾的这五座葡式洋房，盛名已久，于1993年被评为澳门八景之一，名为"龙环葡韵"，是澳门别具风情的文物景点。

龙环，是氹仔岛的旧称；葡韵，则是指这五座房子，加上其后的嘉模公园、图

龙环葡韵五座葡式小洋房

建于1921年的洋房昔日是葡人官员住宅

吸引游人参观

书馆、嘉模教堂等所组成的西式建筑群落，显示出有别中国渔村的葡式韵味。

从塑于建筑立面上的数字可知，这五座洋房都建于1921年，原系岛上葡人高级官员住宅。20世纪80年代，澳葡政府对其维修翻新。1992年根据澳门文物保护法列为"具建筑艺术价值的建筑群"，政府乃彻底修复，并将其中三幢设为不同主题的博物馆，统称"住宅博物馆"，于1999年12月对外开放。

这三座主题展馆，第一座是"土生葡人之家"。馆方通过文物征集活动，收集了许多土生葡人的家具摆设，陈列于此，原汁原味地向参观者展示土生葡人这一独特社群的生活面貌，身历其中，仿佛时光倒流，重回20世纪初融会中西精华的土生家庭。第二座是"海岛之家"，以实物、图片及文字说明，介绍澳门两个离岛——氹仔和路环的地理形貌、历史变迁、民生风情等。第三座则是"葡萄牙地区之家"，按葡萄牙不同地区布置，以图片、实物、人偶等，分别介绍该区的建筑、服饰、工艺、民俗等的特色，可说是浓缩版的葡国风情画。

澳门首间航空公司诞生地

龙环葡韵住宅博物馆对开的地方，现在是一大片荷塘，荷叶田田，出水芙蓉，迎风摆送，花香飘溢，让人感到无限惬意。

这里原是一片海滩，叫望德圣母湾，由于它位于氹仔村的后面，人们又称这里

龙环葡韵是澳门每年举行荷花
节的主要展览场地（陈显耀摄）

"海事航空中心"的圣十字飞机

为后背湾，是市民度假、游泳的好去处。

就是在这片海面，1920年时诞生澳门第一家航空公司——澳门空中运输公司。这家公司由一位居住在中国香港的法国人查礼士·锐高（Charles Ricou）向其时的澳督倡议成立，原想开办澳门至香港及广州的航线，除载客及邮包外，锐高还准备随时将飞机改装成军事用途。当锐高与澳门政府几经谈判，获得批准后，便把其飞行基地设在后背湾这里，并预备购入12架水上飞机。然而，锐高的如意算盘未能打响。香港方面，由于他是法籍，被聘用的机师是美国籍，港英政府只容许他们的飞机在150英尺（45.72米）高度飞行，等于对他设置难关，锐高的澳港飞行梦因此未能成功。其后，锐高想打通到广州的航线，可惜仍然波折重重。最终，在澳门首家航空公司挂牌两年后的1922年，公司结束，其间未有过正式营运。澳门的商业飞行胎死腹中。

孙中山购飞机

锐高的澳门航线梦碎，却意外地协助孙中山先生组成首个空军队伍。

1920年，孙中山为讨伐桂系军阀，急于建立一支空军，以助其事。锐高的航空公司生意做不成，便打算卖掉手头的六架水上飞机。孙中山先生听到消息后，派人来澳门与锐高接触。这6架飞机，其中两架是大型的Curtiss HH—16（俗称大鸭婆机），可改作轰炸机用；其余4架是小型的Curtiss Jenney JN—4（俗称小鸭婆机）。经商议后，决定以大鸭婆机每架9000港元，小鸭婆机每架3000港元的价钱出售，总价是3万港元。可是，孙中山当时根本拿不出这么一大笔钱。这时，澳门富绅卢廉若知道了这件事，慷慨捐出9000港元，购下其中一架大鸭婆机送给孙中山。也就是说，孙中山空军的首架飞机是由澳门人购下的。

其后，孙中山陆续筹得款项，将其余5架飞机全买下，中国革命政府第一支空军由此诞生。不仅飞机，孙中山还把锐高聘任的两个美籍机师以及十几个中国籍地勤人员也"挖角"去为中国革命事业服务。

1927年11月，后背湾的水面又迎来水上飞机，澳葡政府海军在此设立了"海事航空中心"，又称氹仔海上飞行中心，目的是要加强澳门水陆空防卫能力，拥有从葡萄牙运来的飞莱（Fairey）水上飞机5架。这个中心维持至1933年停办。后虽然于1938年复办，但基地已迁至澳门新口岸了。到1945年第二次世界大战结束，海事航空中心完全停办。

从红树林到荷花塘

后背湾滩头的宁静于1968年被打破，其时路氹连贯公路建成启用，两岛之间的水流因此受影响，泥沙堆积之下，后背湾海滩成了一片淤泥地。谁想因祸得福，这里慢慢发展成一片红树林，鱼类、蟹类，以至鸟类寄居其间，当中包括著名的珍稀鸟类黑脸琵鹭。今天，随着路氹城的发展，红树林已经消失，代之以一片荷塘，在纷扰急速的发展中，保留一池出淤泥而不染的纯洁，象征着澳门及澳门人。

俯瞰龙环葡韵翠绿一片

十二 氹仔天后宫和三婆庙

淳朴的渔村信仰

氹仔一向是传统的渔村，葡人要到19世纪中后期才到那里发展，因此氹仔的渔村文化保存得较好。

天后（即妈祖）是华南地区渔民最重要的信仰之一，氹仔岛上自然不缺专门供奉天后的庙宇；而且不仅祭祀天后，连天后的姐姐，也仿佛分享了妹妹的神力，成了渔民们供奉的对象——她就是渔民俗称的"三婆"。

三婆庙正立面

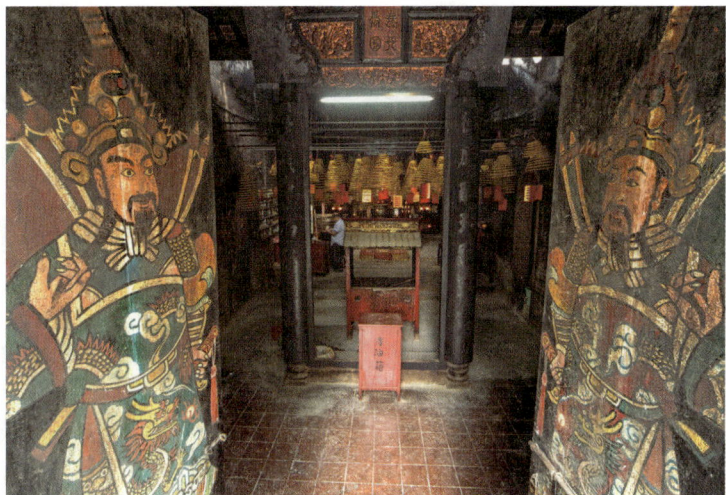

天后宫内貌
（陈显耀摄）

　　有趣的是，氹仔的天后宫和三婆庙，就在一条相连的长街上。据三婆庙的庙祝婶婶介绍，风水师说这是一条龙脉，天后宫所在的位置是龙头，三婆庙则是龙尾。这种说法我们姑且一听，但天后宫和三婆庙作为氹仔渔村文化的象征，却的确值得前往参观。

天后宫

　　氹仔天后宫位于旧海岛市政厅、今路氹历史馆对面。天后宫的庙门不大，却不是原有规模，因其左右侧殿租予一间食肆使用，现只剩正殿。

　　庙门的"天后宫"三字，立于清道光戊申年（即道光二十八年，1848年），这应是庙宇重修的年份，因庙内尚有一口古钟，上有铭文"龙头湾天后宫，乾隆五十年置"，当知该庙约创建于1785年。古钟上所说的"龙头湾"，便是氹仔的古称。因此，此钟不仅可以考证该庙的历史，也是氹仔历史的见证，非常具有文物价值。庙内另一可证氹仔历史的，便是庙中央高悬的一块匾，上书"福荫龙环"四字，乃道光年重修所立。"龙环"亦是氹仔旧称，可能是"龙头湾"的缩语。今天氹仔住

天后宫内香烟缭绕，气氛肃穆

记录氹仔旧称的"福荫龙环"匾

天后神像

有一百多年历史的漆金神案

宅博物馆所在地称为"龙环葡韵"，便是依据于此。

庙内地方不大，仅前后两进，塔香众垂，烟雾缭绕，在天窗透入的阳光照射下，弥漫着严肃朴拙的气氛。中间的一张金漆香案，亦是道光年间产物，上面雕刻传统戏曲人物，栩栩如生；加之重上金漆，看起来金光澄澄，熠熠生辉，是庙内除古钟外，另一值得留意的文物。

三婆庙

与天后宫相隔十多分钟路程的三婆庙，位于益隆炮竹厂附近，规模相较天后宫大，除正殿外，尚有左右两个偏殿。

如此规模的一座庙宇，最初其实只在山边石窟里供奉神像，后来才扩建为庙。类似的庙宇发展过程在澳门很普遍，像氹仔的观音岩庙，或澳门妈阁庙内的"神山第一"殿和弘仁殿，都是先石窟后扩建的例子。

据说庙内原有一口古钟，有道光二十四年（1844年）的字样，可见该庙大约创建于此时。可惜因为庙宇失修，该古钟已随祭台、三婆神像及聚宝炉等散失。今庙内尚存一块咸丰九年（1859年）的"重修三婆庙碑记"，记录该庙历史。这块石碑上方刻有三个如符篆般的符号，是"福禄寿"三字的异体，非常有特色。此外，庙右偏殿现存一副用来抬神出巡的木造神銮，构造精美，可惜未见年款；但神銮后墙上挂着一对雕龙木棍，上有"光绪七年"（1881年）字样，则该木銮应是同期产物，属珍贵的文物。

至于庙内供奉的主神"三婆"，据传说是天后的三姐，常在海上显灵，拯救遭受台风侵袭或遭受海盗劫掠的渔民和水手。

木造神銮，构造精美

三婆庙左侧殿，可见该庙依山而建

上刻福禄寿三字的《重修三婆庙碑记》

郑炜明、黄启臣著《澳门宗教》中，引田明耀所撰的光绪年间《香山县志》说："三婆神者，艚船人所信奉也。相传神出自惠州，能降灵附人身，言休咎。神降时，左右跳舞，语喃喃，自以铁贯两颊，无血。咸丰四年（1854年）秋，神降附罟男友，言贼将败，人心藉以自固，我屡胜。"即三婆神的传说出自惠州地区，而且具有萨满巫术色彩，能降灵附身，被附身的人即使用铁枝贯两颊亦不会流血，真够神奇了。《香山县志》中说三婆"言贼将败……我军屡胜"，而《重修三婆庙碑记》内提及三婆曾经显灵拯救清朝剿"匪"遇难的官兵，则三婆非但受渔民敬奉，可能亦是官兵的守护神。

《澳门宗教》一书又提到许联升《粤屑》中指出"三婆（或称三婆婆）乃天后的第三姊，'同修炼成仙'，神诞在三月二十二日"，则三婆的诞辰与三月二十三的天后诞只差一天，可见三婆崇拜与天后崇拜渊源深厚。

十三 氹仔北帝庙

庙里有乾坤

澳门虽有不少庙宇都供奉北帝，但以北帝来命名的，却只有位于氹仔地堡街嘉妹前地的北帝庙。

农历三月初三是北帝诞，要感受庆祝北帝诞的盛况，就要来氹仔北帝庙了。

道光二十四年（1844年）由信众送赠的大钟

北帝庙正立面

创建历程

根据庙内《重修上帝祖庙捐签碑志》所载，北帝庙创建于道光癸卯二十三年（1843年），庙内尚存一口道光二十四年（1844年）由信众送赠的大钟，是氹仔重要的文物。

经过百年风雨，北帝庙并没有特别大的改变。最大一次的重修工程，应是光绪八年（1882年）时由民间集资进行的，庙内保存的大部分文物均是当时所置。再一次的重修，要到一百年后的1984年，由当时澳门文化司署（今文化局前身）拨款重修；澳门回归后，由于北帝庙已被列为受保护文物，文化局亦曾重修，庙貌为之一新。

追踪氹仔历史

进入北帝庙，虔诚的善信可以上香祈求神灵的保佑；但如果你对历史感兴趣，北帝庙亦有不少线索，可以让你追踪氹仔沧海桑田的变迁。

线索首先由庙门石柱上的对联开始："位正中宫灵著潭湾光远被，辰居北极恩覃海国泽长流。"这对石柱是光绪七年（1881年）修的，上联的"潭湾"，指的便是氹仔岛。类似对联还有入门之后屏门两侧的一副，上书"北总天枢威镇龙环三沙钦圣德，极居帝位恩周鱼港四海颂神功"，上

北帝庙庙门入口

主祭坛供奉真武玄天大帝

联"龙环"二字是一百多年前此地区的旧称;这也是氹仔另一个著名景点"龙环葡韵"命名的由来。当然,最集中展现氹仔古称的,便是庙内左侧那一列光绪八年(1882年)立的《重修上帝祖庙捐签碑志》了,上面有"我潭仔龙头环真武上帝庙"字句,估计"潭仔"是整个氹仔岛名称,"龙头环"则是北帝庙所在地区名称。至于潭仔什么时候被写作"氹仔",则要留待专家的考证了。

北帝崇拜源流

北帝,即北方真武玄天上帝,一般简称真武大帝或玄天上帝,是我国广受祀奉的道教神灵。广东佛山著名的"祖庙",便是广东地区最早供奉北帝的庙宇。"祖庙",便是北帝庙始祖的意思。故屈大均著《广东新语》记载说:"吾粤多真武宫,以南海佛山镇为大,称曰祖庙。"

北帝诞联欢聚会(陈显耀摄)

真武的本名叫"玄武"，到宋代时，宋真宗赵恒为了使自己有个显赫的祖先，便假称自己曾见过先祖，是天上九个人皇中的一个，因而追封他做"圣祖"，并且定名叫"玄朗"。皇帝的祖先叫玄朗，时人为了避讳"玄"，便把玄武改称真武了。

玄武本来是古人称呼北方星宿的名字，古人将这些星星想象成龟蛇相交的形状，于是玄武的形象便跟龟蛇联系在一起；到了宋明两代，玄武崇拜得到官方支持，使玄武由一个动物神上升为人格神，成为道教的大神之一；宋代时便有其"标准像"出现："绘其像为北方之神，被（披）发黑衣，仗剑踩龟蛇，从者执黑旗。"后世的北帝像，便是以此为基础的。

玄武是北方的神灵，为什么南方的广东人也会信奉呢？原来，因为北方在五行中属水，故玄武又是水神。广东是濒海地区，许多渔民出海作业，更有商人做远航贸易，自然要找一位水神来庇佑；同时，农业也是缺不了水的，这位专司北方水源的玄武大帝也自然得到农民的敬拜了。据清代李调元《粤东笔记》所载，上面提到的佛山祖庙，每逢北帝诞时，"举镇数十万人，竟为庙会"，可以想象盛况之大了。

澳门的北帝诞虽然没有佛山的盛大，但也是本地著名的节庆之一，要领略氹仔的渔乡节日风情，三月三，北帝诞，你不可错过。

十四 路环圣方济各堂

渔村教堂

在澳门离岛路环洋溢中国渔村风情的市中心区，有一座典雅的西式小教堂——圣方济各堂，像一座金黄的宫殿，坐落在广场的尽头。

如果你是韩剧迷，应该见过甚至向往这座小教堂；如果你喜欢路环岛的悠闲宁静气氛，应该会懂得欣赏这座小教堂。

创建历程

相比起澳门本岛大部分动辄三四百年历史、占地面积广大的教堂，今天声名远播的路环圣方济各教堂，其历史与规模，可能相形见绌。

澳门教区于1903年设立路环传教区，翌年开设了一间简朴的育婴院，由嘉诺撒修女管理并在隔邻建了座简陋的小圣堂；后因路环常受盗匪骚扰，治安不靖，到1908年，神父和修女撤离路环，传教区也荒废了。到1928年，教区在原址上新建一座小教堂，并以"东方宗徒"圣方济各·沙勿略命名，以

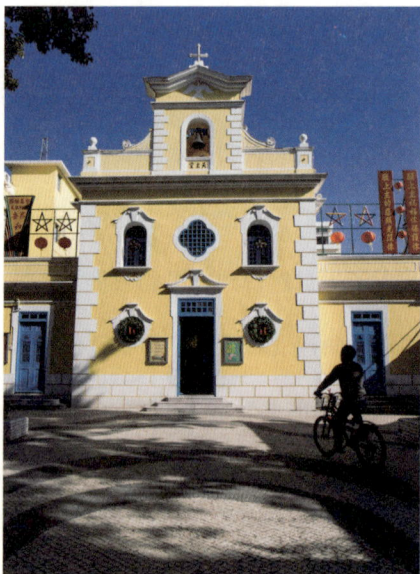

教堂主立面

耶稣圣心像

教堂内部空间较小，只有几排座椅

做纪念。

　　事实上，1978年起，该圣堂曾经供奉圣方济各·沙勿略的圣髑，即是其遗骸的右臂肱骨，以及大三巴圣堂火灾后遗下的59位日本籍及14位越南籍死者的部分骸骨，对天主教徒而言，这里的确是个可供凭吊的圣地。1995年，其时澳门主教林家骏率团到日本长崎访问，将该批日籍教徒的骸骨送还。至于沙勿略的圣髑，已移往圣若瑟修院圣堂供奉。

中国渔村里的教堂

　　圣方济各教堂外墙漆以奶黄色，看起来既舒适又典雅，在路环中国渔村的建筑群里，鹤立鸡群，更显异国风情。从远处看教堂正面的门窗分布，却似一副笑脸，睁着圆圆的眼睛，迎接信众与游人的到来。

　　教堂内的地方不大，仅容几排座椅。堂内右侧供奉着圣方济各·沙勿略的雕像，正中间的主祭坛虽然没有供奉圣像，却布置得非常有特色。主祭坛是凹入的拱室，四周墙壁漆以粉蓝的天空色彩，衬以团团的白色云朵，当阳光从侧墙的窗户透进来，便仿似一线天堂的神光射进人间，让人觉得仿佛圣灵降临一样，感动不已。

粉蓝色的主祭坛非常特别

教堂建筑装饰

仿中国妈祖形象的圣母画像

教堂内厅

进入教堂内室，最瞩目的便是一幅由教徒绘赠的油画，画的主题是圣母与圣婴，但其形象，除怀抱婴孩外，完完全全是中国海上女神妈祖的模样，不看标题，你一定会奇怪为什么一个天主教堂里会供奉妈祖呢。澳门中西文化交融的特色，于这幅油画上已可见一斑了。

2019年，为庆祝澳门回归祖国二十周年，有团体举办"澳门新八景"全球票选活动，"路环渔韵"跻身新八景之一，其特色是"路环渔村为历史悠久的港口，村落文化由古形成，该村向北延至旧渡轮码头，向南则延伸至谭公庙，现还保留很多代表性的建筑"，其中就包括圣方济各圣堂。所以当你到了路环，在品尝完滋味独特的葡挞之后，不妨到这座小圣堂转一圈。另外，如果你来澳门过圣诞节，想在平安夜望子夜弥撒，又嫌澳门岛那边的教堂太多人，可以来圣方济各圣堂这边坐坐，在窄窄的空间里，感受暖暖的节日温情。

（三十一）

路环攻战纪念碑

在路环圣方济各圣堂前的广场上，矗立着一座纪念碑。乍看这碑，似乎与一般常见的纪念碑建筑无异，但细看之下，会发现其四周铁柱是仿炮弹形状的，碑座正前方和四角也放了两种款式的炮弹。绕到碑后去看，会见到一行用中文写着的铭文——"攻战于路湾"。

到底这是座什么性质的纪念碑，竟散发着浓浓的硝烟味呢？

原来，路环自古是中国领土，但葡人于1864年起逐渐占据这里。其后，中葡双方就澳门界线划定交涉，然而就在交涉期间的1910年7月，路环岛上有海盗掳走广东

圣方济各教堂前的"路环攻战纪念碑"（陈显耀摄）

新宁县的居民，并向家属勒索3.5万元的赎金。家属先向广东方面寻求协助，奈何当时官员见路环岛有葡兵，怕贸然出兵会引起外交事端，竟不理会。家属无奈，只得向葡方求助，葡方便趁机派兵到路环"剿匪"。葡军在路环遇到顽强抵抗，死伤颇众，甚至连炮台也被攻占，于是派出军舰加强兵力进攻，终打败海盗。这座纪念碑所纪念的，便是葡兵的此次胜利。

然而，葡兵在进攻期间，由于屡次进攻受创，杀红了眼，后来便不分青红皂白，连普通村民也当成贼匪杀死，据当时的《香山旬报》所载，"全乡遭毁死者数十人"。因此，有中国史家称此次事件为"路环血案"。

这次战斗的结果，葡军获胜之余，更全面奠定了对路环岛的控制权。

今天路环岛已随澳门回归祖国，中葡人民也在这里和谐共处，但历史上曾经发生的冲突也不容我们忽视，更应以这血的教训，让我们共同珍惜这得来不易的和平、和谐局面。

十五 路环谭仙圣庙

这里有鲸骨龙舟

位于路环十月初五马路尽头的"谭仙圣庙"，里面供奉着广东一带著名的海神"谭公"。每年农历四月初八是谭公诞，庙方安排了丰富的庆祝活动，无论是否善信，都不妨到此一游，感受路环的悠闲风情和庙庆的欢腾热闹，更可顺道了解这个尚存渔村风貌的海岛的信仰习俗。

谭仙圣庙正立面

大门入口

创建历程

谭仙圣庙，俗称谭公庙。据庙内现存铁钟得知，创建于清同治元年（1862年），在澳门众多庙宇里历史不算长久。然而，以谭公为主祭神来命名的庙宇，此是唯一。路环九澳村的三圣宫里亦有供奉谭公。

根据庙内1964年所立的《路环谭仙圣庙重修碑记》载，谭公庙此前在道光二十三年（1897年）曾做过重修，其后20世纪80年代又做过修缮。今天的谭公庙，庙貌灿然，香火鼎盛。整座庙呈一进三厢，左右两边凉亭（惜其中一个已做摆放塔香之用）。庙内空间不算大，左右两边的照壁，分别有虎和龙的壁画灰雕，非常有特色。

虎壁画灰雕

谭公庙之所以供奉谭仙，据说是其时有位渔民，在路环与横琴之间的海面见到有尊木雕谭公像在漩涡急流中漂荡，便将它拾起来，拿回家供奉。此后，该渔民突然财源广进，赚了许多钱；其他人得知后，便倡议盖一座谭公庙来供民众崇祀。

谭公像

谭公传说

农历四月初八是谭公诞，负责管理谭公庙的路环四庙慈善会，都会聘请粤剧团来澳，一连四天大演神功戏。为迎接此项盛会，工人往往一个多月前已开始在庙前搭棚，整个戏棚规模庞大，仿似置身于大剧院之中。上演神功戏期间，戏棚中央会特设一座神台，迎请谭公、金花娘娘、观音、华光等神灵"驾临"观赏，可谓人神共乐了。

谭公诞期间筹神演戏庆祝

谭公，据说乃元朝广东惠州人，原名谭峭，又有说原名谭公道。民间传说他自幼已经天生异禀，"能知未来，治病如神"。他十二岁已经得道，经常治疗患病的村民，又帮助附近的渔民预测天气，因此深受敬仰；其后村民更为之塑像立庙供奉起来，成为广东沿海著名的海神。又传说谭公长生不老，虽然年岁老大，但貌如童颜，所以谭公的塑像，一般也是小童模样。另据《惠州府志》记载，谭公在九龙山修行，每次出山的时候，旁边都会有只老虎随行，有时甚至会为他背着买来的菜。因此，今天谭公庙内塑有一幅老虎的浮雕，或许与这个传说有关。

"镇庙之宝"鲸骨龙舟

谭公庙内有一"镇庙之宝"，就是一座以鲸骨做船身的龙舟模型，据说是创庙时由渔民所赠。这座鲸骨龙舟长三米多，前后装有木制龙头、龙尾，中间更有锦旗、罗伞、锣鼓、艄公，以及多个桡手，非常有特色。

反贪石碑

谭公庙右侧凉亭后的石壁上，嵌有一块《过路环勒石晓谕》碑；此碑原在路环天后古庙附近，1980年时迁来这里。石碑是广东按察使于道光七年（1827年）十一月所立，内容是警告政府的海上官兵，不许他们"滥封索扰"九州岛附近的渔民，也就是禁止官兵随意勒索骚扰，鱼肉人民。

此碑的特别之处，除其内容的反贪腐意味外，碑文内的"过路环"一词，更是路环地区的旧称之一；今天路环的葡文Coloane，便是从"过路环"音译过来的。

鲸骨龙舟

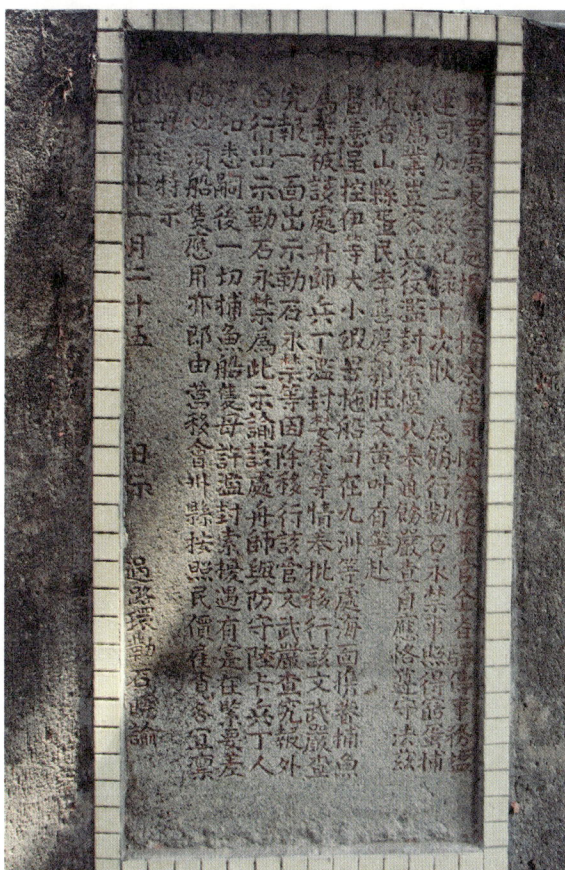

《过路环勒石晓谕》碑

澳门历史建筑文化解码

辑三　逛澳门

一 从蚝镜澳到紫禁城——澳门与故宫的渊源

故宫，1987年被列为世界文化遗产。

澳门历史城区，2005年被列为世界文化遗产。

虽然两者同为世界遗产，但澳门与故宫基本上是无法相比的，因为不管从政治、历史、文化、建筑等不同方面的广度与深度考虑，故宫都远远比澳门有过之而无不及。

然而，历史是神妙的魔法师，北方的大内深宫与南方的外夷"蕃坊"，在因缘巧合之下，曾经数度碰撞、交汇，在中西文化交流史上，留下瑰丽的注脚。

（一）

澳门原来只是广东香山县属下的一个小半岛，其之所以能成为当年中国土地上唯一允许外国人长期合法居住的地方，除了与政治、外交、贸易等大形势有各种关系，还有一个重要原因是与故宫的主人有关：皇宫需求龙涎香。澳门史研究学者金国平、吴志良在《澳门历史的"香""烟"论》中指出，"龙涎香在葡人入居澳门过程中的确产生过令人难以置信的决定性作用"。那是因为当时的嘉靖皇帝荒淫无度，渴求龙涎香以配制春

《广东澳门图》（1679-1682）
（中国第一历史档案馆藏）

药，但龙涎香的来源又控制在葡萄牙人手中，故不得不开放广东香山一角小小的蚝镜澳（澳门旧称）为贸易港口以互市，此史家谓"蚝镜澳由互市而租借，俱因缺乏'上供香物'"也。

总之，借着皇宫需求龙涎香之机，以葡人为主的外国商人开始入居澳门，并逐步建立起一座叫"天主圣名之城"的小镇，成为中西文化交流的桥头堡。

由此，作为五口通商前外国人前往中国几乎必经的津港，"天主圣名之城"的澳门与故宫之间建立起各种各样的关系。

首先，当然是政治外交的。许多由西欧前往中国的外国使节，都是经由澳门才转抵京城皇宫的。比如葡萄牙王室多次派出使节出访中国，澳门是他们到达中国的第一站。从另一个使臣访京的细节，更可以看出当时澳门在中西贸易上的地位。乾隆五十八年（1793年），英国使臣马戛尔尼（Earl George Macartney）到访中国，经澳门上京，请求准许派使臣驻京。高宗（乾隆）有旨对英使云："尔国又何必派人留京……况留人在京，距澳门贸易处所几及万里，伊亦何能照料耶？……向来西洋各国及尔国夷商赴天朝贸易，悉于澳门互市，历久相沿，已非一日。"可见其时澳门已是著名对外贸易港口，连皇帝也知晓其名。

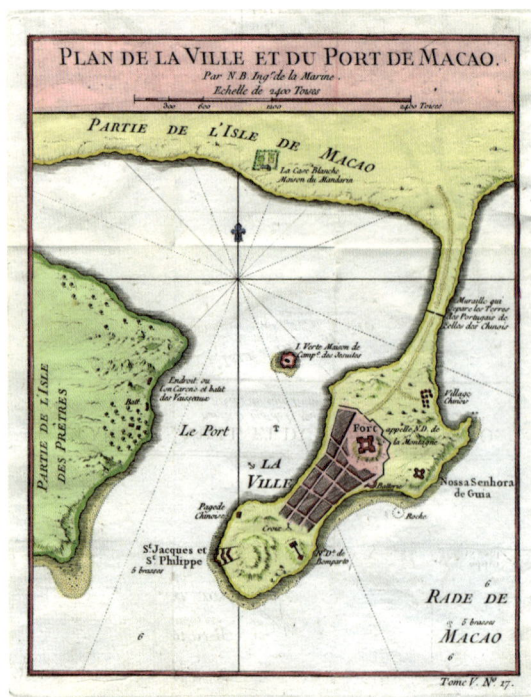

1770年澳门地图（维基共享资源）

　　经澳门到皇宫的，除了外交使节，也有宗教使节。康熙年间，天主教内部就华人教徒敬孔、祭祖的做法展开讨论（即所谓"礼仪之争"），教宗格勒门第十一世（Clementus XI）派多罗（Carlo Tommaso Maillard de Tournon）为特使来华商议。多罗于1705年4月2日抵澳门，寓于青洲的耶稣会院中；同年12月4日到京。后使命失败，圣祖康熙于翌年八月命令其回国。多罗于1707年6月29日返抵澳门，寓方济各会会院中，后病逝于澳门（1710年6月8日）。多罗之后，为解决"礼仪之争"问题，中国朝廷及教廷都曾派特使出访协商，其间双方使节均经澳门为进出口岸，可见澳门当年在教廷与中国交往上的重要地位。

　　事实上，由于葡萄牙拥有天主教会东方"保教权"的关系，澳门在当年天主教来华传教事业上，在人才培训、物流运输、资金筹措等方面都扮演着重要的角色，故著名学者方豪在其《中西交通史》中总结谓："晚明海运大开，教士来华者络绎不绝，要皆以澳门为传舍。"正因为传教士大多经澳门进入中国内地，使澳门在中西文化交流史上留下辉煌的一页；其间，更与皇室建立起某种无形的联系。

澳门葡式石仔路上帆船图案（陈显耀摄）

比如，康熙皇帝曾叫人传旨给在京的西洋教士，说："新来之人，若叫他们来，他俱不会中国话，仍着尔等做通事，他心里也不服，朕意且教他在澳门学中国话。"从利玛窦等第一批来华传教士开始，澳门已是传教士学习中国话的基地，其"盛名"已达皇帝天听。

又比如，《大清会期事例》载乾隆三十一年（1766年），有上谕云："嗣后西洋人来广，遇有原进土物及习天文、医科、丹青、钟表等技，情愿赴京者，在澳门令告知夷目，呈明海防同知；……具奏请旨护送进京。"——于此可见，澳门又成为皇宫及朝廷获得西洋奇器及人才的来源了。

（二）

四百多年后，当昔日皇家的深宫内院变成中华人民共和国的故宫博物院，当旧时的中西文化交流桥头堡重新回到祖国的怀抱，因着故宫博物院和澳门艺术博物馆的合作，这一北一南两个相隔万里的名字，又一次重续前缘，为世人奉献上一道道文化艺术盛宴。其中，有两个展览最值得一提。

《圣保禄教堂立面》（1854年）[作者 Wilhelm（William）Heine，1827－1885]（维基共享资源）

第一个展览是2001年年底至翌年三月举行的"海国波澜——清代宫廷西洋传教士画师绘画精品展"。澳门是西洋美术传入中国的第一站，经澳门进京的利玛窦为中国引入了第一批西方绘画，曾让无数观者啧啧称奇，留下深刻印象。而当年在宫中服务的西洋画师，其佼佼者当属同样经澳门进京的意大利人郎世宁（Giuseppe

Castiglione）。因此，当以郎世宁为首的西洋传教士画师的绘画精品在澳门展出时，历史仿佛一个神奇的循环，从澳门到故宫，再从故宫到澳门，实在让有识者惊叹不已。

值得补记一笔的是，将西洋画带入中国的利玛窦，当其于北京临终时，有一画者随侍在侧，并为其绘像；此像后被带返罗马耶稣会总部，成为存世的中国第一幅油画。这一画者，是澳门人游文辉（Manuel Pereira Yeou，1575—1630）。

第二个展览是2004年年底开始的"日升月恒——故宫珍藏钟表文物展"，这个展览对澳门而言是别具意义的。方豪《中西交通史》谈到清初自动机器与钟表之修造时，起首第一句便说："钟表最初传入地当为澳门。"事实上，澳门是当年内地钟表最重要的来源地。第一个为中国宫廷引进西洋自鸣钟的，便是经澳门抵京的利玛窦。嘉庆十年（1805年）汲修主人著的《啸亭续录》更载："近日泰西氏所造自鸣钟表，制造奇邪，来自粤东（指澳门），士大夫争购，家置一具，以为玩具。"而乾隆年间，圆明园中设有"钟房"，专门招待管理宫中钟表的传教士；负责之西洋教士，大部分经澳门入京。对此，时任故宫博物院院长郑欣淼先生在展览的《献词》说："钟表不仅仅是定时器，更是中西文化交流的载体。当年来华传教士一般先在澳门落脚，使得澳门成为中西文化交汇之地。今天在此举办钟表专题展，其意义不言而喻。"诚可谓一矢中的，发人深省。

（三）

从蚝镜澳到紫禁城，曾几何时，非仅是关山万里的自然阻隔，更是化外之民到天朝帝皇的阶级殊途。庆幸的是，随着澳门回归祖国怀抱，在国家及故宫领导的眷顾之下，澳门艺术博物馆数次举办故宫藏文物展，澳门与故宫再续前缘，同谱盛世博览华章，弘扬中华瑰宝魅力，实乃我中华文物之幸，世界遗产之光。

二 澳门百年公园

有学者以"双面神"来形容澳门的历史文化，这个比喻尤其适合拿来形容当前的澳门文化形态：以博彩业为龙头牵动的各式声色犬马世俗活动，和以世界遗产"澳门历史城区"为代表的中西文化交流遗迹，神奇地共存于一个小城市之中。到澳门参观的游客，也认同了这种"双面神"特征，既沉醉于博彩娱乐场名店购物街的声色之乐，亦徜徉于澳门历史城区的羊肠小巷寻幽揽胜，来个物质与精神的双丰收。

其实，在这"双面神"的面具之下，更有着一个多姿多彩的庶民生活画卷。要体验这幅画卷的内涵，除亲身到澳门的大街小巷茶楼餐厅领略外，一个便捷的方法，便是到澳门的公园去逛一逛、坐一坐。

目前，澳门半岛连同氹仔、路环两个离岛，有大大小小公园近三十个。它们除绿树成荫、花香满途、游人不辍外，更体现了两种澳门文化：在博彩娱乐场五光十色霓虹灯掩映下的朴实庶民文化和历经四百多年中西文化交融下的历史文化。

从"澳门街"和 Largo 说起

摊开澳门半岛的地图，如果你熟悉澳门历史城区和澳门城市发展史，会发现一个现象：不像纽约市中心有个中央公园、伦敦市中心有个海德公园，澳门著名的几个公园，如白鸽巢公园、卢廉若公园、得胜公园、华士古达嘉马公园、加思栏公园，都是围绕着澳门旧城区外围而建的，更别说远在靠近关闸的纪念孙中山市政公园了。

为什么当年的葡萄牙人不在市中心弄个公园让自己闲暇娱乐多一个去处呢？这得从澳门的政治和城市发展史说起。

众所周知，葡萄牙人于16世纪中叶获当时明朝政府许可，以租借形式入居澳门，并慢慢开始了自己的城市建设。到17世纪的时候，一个南欧式小城已出现在中国南方的蕞尔小岛——澳门之上。它由城墙和众多炮台保卫着，有众多的教堂和修院，有完善的公共机构和设施。这个南欧式小城，被称为"天主圣名之城"（葡文 Cidade do Nome de Deus，英文 City of the Name of God），就是今天"澳门历史城区"所覆盖的地方。

俗语说"广州城，香港地，澳门街"，这句话除了很好地概括了这三地在政治地位上的不同，亦显示了三地所占面积的大小。要知道，澳门半岛面积直至1840年也不足2.8平方公里，而以葡人为主要居民的"天主圣名之城"更占半岛面积一半不到。因此，当时城中的主要干道，是一条从圣安多尼堂起，经大三巴、议事亭再上龙松街，以妈阁庙为终点的"直街"，在葡文的意思就是"中央街"；其他都是弯弯曲曲、跟南欧小城很相似的小道。当时主要的公共空间，就是一些葡文叫 Largo 的小广场；Largo 有个澳门独有的中文译名：前地，其实就是小广场。当时最重要的公共空间，便是至今依然为市中心的议事亭前地。在1860年岗顶剧院（伯多禄五世剧院）兴建前，澳门市民的娱乐生活很贫乏。著名的葡籍澳门史研究学者潘日明神父说："19世纪70年代末，澳门看不到精彩的文艺演出，也没有有趣的公共娱乐活动。"

葡人之所以不在城内建公园，首先是土地面积不容许；第二是当时不要说澳门，就连欧美也没有在城市兴建公园的观念（与私人或贵族的园林不同）。要到1855年，纽约市政府同意兴建中央公园，由政府出资兴建供一般市民大众憩游的公园才蔚然成风。

鸦片战争之后，澳督亚马留在澳门实行殖民扩张政策，驱逐清朝驻澳官员，拆毁中国官方驻澳机构，铲平城外华人祖坟以开辟马路；其继任者又于1863年起陆续拆毁水坑尾门、三巴门、沙梨头门等城墙，占领塔石、沙岗、新桥、沙梨头石墙街等华人村落。这样，葡人管治的范围便大大地增加了。其时，香港被英国人占管后，逐渐崛起，而据学者说："从19世纪中期起，香港发生的所有事情都会对澳门产生深刻的影响，尤其是在城市重建、填海造地以及港口和城市的设施方面。……这种规划城市的方式不仅限于设立规则的新街区（例如雀仔园），而且也用于开辟休闲的场所（贾梅士公园、得胜花园及南湾的林荫道）。"

19世纪后期，澳门的白鸽巢公园（贾梅士公园）、新花园（今得胜公园及华士古达嘉马公园）、南环公园（今加思栏公园）陆续开放，奠定了澳门今天公园群的基础。

从青洲郊游到公园听乐

19世纪中叶前，澳门虽然没有公园之类的游乐场所，但是其南欧氛围还是深得当时在华的外国人欢心。美国人亨特（William C. Hunter）在其1885年初版的《旧中国杂记》（*Bits of old China*）中便称赞澳门，说："（外国人）都很喜欢它那宁静安谧的生活、它那华美的气氛以及可爱的气候。"又说："澳门自1762年以来，一直是广州的外国侨民的避暑胜地。"

由于没有公园，在澳门的西方人若要避开城市生活到郊外嬉游，一般都会选择到当时尚是小岛的青洲岛去。《香山县志》记载说："澳北一山浮海中，曰青洲，与扬子之金、焦相似，草木蓊翳，有亭榭廊宇，土人指为鬼子园囿云。"可以说，青洲岛是澳门最早的天然园林。

二龙喉公园内悠游自在的市民

当然，澳门也是有花园的，但跟欧洲一样，是私家园林——那便是后来才开放让公众进入的白鸽巢公园。该园主人是个葡籍富商，在澳门城边建了座豪华大屋，养了大群白鸽，因此华人称为白鸽巢。《海国图志》作者魏源于光绪二十九年（1849年）春途经澳门，曾到白鸽巢参观，写了首《澳门花园听夷女洋琴歌》，其自序介绍说："其樊禽之所，网其上以铜丝，纵横十丈，高五丈。其中池沼树木，飞浴啄息，空旷自如，忘其在樊也。"诗中描述该园为"怪石磊磊木千章，园与海涛隔一墙"。

19世纪后期，澳门的公园陆续开辟，给当时来澳游览的诗人墨客留下深刻印象，像1900年到澳的诗人丘逢甲，便在《澳门杂诗》中记述了新花园和南湾花园的盛况，说："南环有葡酋新旧花园，礼拜日士女车马沓至。" 广东诗人梁乔汉在澳门设馆授徒期间，也有诗专门描写到南湾花园游玩的情景："七月既望，与客偕游

加思栏公园俯瞰（陈显耀摄）

一家大小逛加思栏公园

加思栏公园儿童游乐场

澳之南湾花园，玩月纳凉。聆西洋人奏彝乐，谱调腾郁，动与古会。时酷暑渐退，爽秋欲来。素练初横，银轮未缺。远景近景，前峰后峰。树密张灯，花疏布榻。华夷杂坐以融趣，士女争趋而衔欢。"当年南湾花园有专门的音乐台供乐队演奏，而且华夷皆可进入欣赏；比起外国人于1868年在上海黄浦江边所建的"公花园"只准外国人进入来说，澳门的公园似乎更体现了中西人民和谐共处的精神。

今天，南湾花园已被改建为加思栏花园，其音乐台也不复见乐队高歌，但是澳门的公园里依然不缺弦歌之声。若你对粤曲感兴趣，又或只是想了解澳门市民日常的消闲娱乐，有空不妨到白鸽巢公园、卢廉若公园（卢九公园）、三角花园或祐汉公园，每日都会有市民自组乐队在此引吭高歌唱粤曲。到公园的大都是上了年纪的人，唱粤曲便成了他们与街坊朋友共娱同乐的好媒介，而且周遭都是老年人，更易获得观众的捧场与赏识了。

作为文物的公园

许多人可能不知道，在澳门现行的文物保护清单里，澳门半岛的白鸽巢公园、得胜公园、华士古达嘉马公园、卢廉若公园、加思栏花园，甚至1987年才开辟的纪念孙中山市政公园，以及凼仔岛的市政花园，通通都名列其中，得到法律的保护；而同属文物的望厦山炮台下也开辟了公园。政府之所以这样做，其一，乃因为澳门的绿化地区不多，若不加以保护，其周围的景观就会在日益城市化的建设中遭到破坏；其二，就是上述这些公园，不但是绿化的园地，更是澳门文物的所在地，记载着澳门中西文化交流的历史。

比如，白鸽巢公园里有葡萄牙诗人贾梅士的铜像，据说其传世之作《葡国魂》就写作于此地，而贾梅士在葡萄牙的地位相当于中国的屈原。得胜公园是为纪念葡人在17世纪打败入侵澳门的荷兰人而建，华士古达嘉马公园则为纪念葡萄牙航海家华士古达嘉马而建；加思栏公园本为西班牙圣方济各修会院的旧址，公园内有座圆柱体的建筑物，是葡人为纪念第一次世界大战阵亡士兵而建。到港澳地区独有的苏州园林建筑卢廉若公园参观，就可以领略当年孙中山先生下榻此处的风光，更别提这座园林是澳门第一代赌业大王卢氏家族的故居，可以顺道缅怀一下富贵之家的气派。

因此，到澳门的公园游玩，不但可以怡情散心，更可以重温澳门中西文化交流的旧闻逸事。

白鸽巢公园俯瞰（陈显耀摄）

白鸽巢公园内的贾梅士像（陈显耀摄）

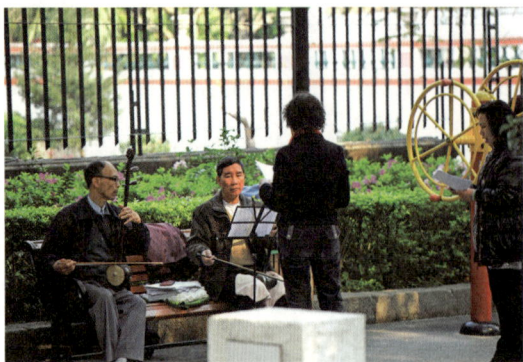
市民在公园里自娱自乐

当然，一般澳门人由于见惯见熟，已不大理会这些文化内涵了。今天澳门的公园里，日间坐着的，大都是到此消磨时间的老人。他们或下棋对阵于方寸之间，或弄弦弹筝与知音齐唱粤曲，或抬头摆脚耍太极玩健身操，或家长里短与街坊闲话家常；当然，更多的是静静地坐着，默然回想着往昔的峥嵘岁月。偶尔，耳边会飘来东南亚语言的高谈阔论放声大笑，原来，是在澳工作的外籍佣工在这里联谊乡情。放学的时间，宁静的公园会霎时热闹起来，许多家长或家佣会带着小朋友到公园里的游乐场荡秋千滑滑梯，令一派悠闲的气氛充满动感起来。这时，稍为留意一下，或会发现一两对学生小情人，在公园的幽静处喁喁细语……

这便是当今澳门的公园风情——在博彩赌场越来越璀璨辉煌、游客越来越蜂拥而至占据城市主要空间的时候，澳门的公园以它闲适流水与醉人花香抚慰着市民日益急躁的心灵；在高楼大厦越建越密巍然矗立的石屎森林包围下，在交通车辆越来越多废气蒸腾的浑浊空气里，澳门的公园以它广茂绿茵与清幽小径指引着人们日渐迷茫的人生。

到澳门，应该逛一逛公园，领略庶民的生活情趣，感受中西文化交融的特色。

三 在澳门过圣诞

知道中国天主教历史最悠久的地方是哪里吗？

没错，就是澳门。

澳门教区于1576年1月23日由教宗格里高利十三世（Gregório XIII）颁令成立，管辖范围极广，包括中国、日本、安南（今越南）和东南亚沿海各岛屿。在这四百多年中，虽然天主教在中国的传教事业历经起伏，但澳门作为中西方宗教交流与融会的桥头堡角色依然未变。今天的澳门教区，其管辖范围已经大大地缩小至只剩澳门地区，但是它仍然有中国土地上密度最高、历史最悠久的教堂群，供世人缅怀这

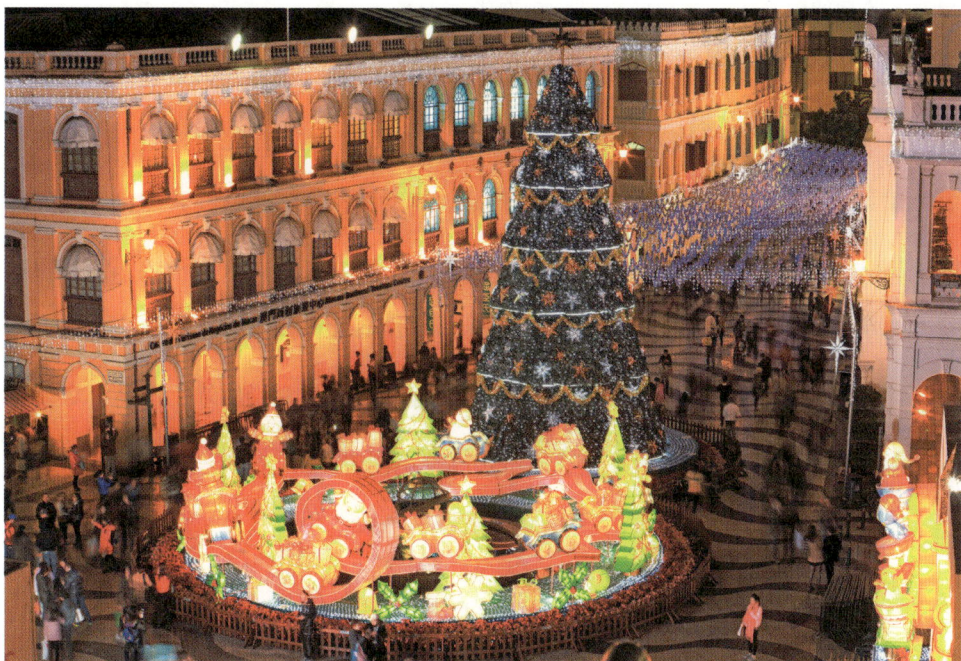

议事亭前地圣诞灯饰（陈显耀摄）

个"东方梵蒂冈"昔日的丰采。

葡萄牙人从15世纪开始的海外冒险事业，其目的有二：一是寻找东方的财富，二是传播天主教信仰。因此，当1557年葡萄牙商人正式获得澳门的居留权时，伴随葡萄牙远洋航船而来的，便是大量的天主教传教士。由于当时葡萄牙拥有天主教在远东地区传教的"保教权"（Real Padroado），大部分到中国的传教士都必须经葡萄牙首都里斯本到澳门再进入中国内地，所以，从16世纪中叶以后，澳门一直是天主教传教士在中国以至远东地区传教的基地，耶稣会、圣奥斯定会、圣多明我会（道明会）、圣方济各会、遣使会等不同天主教修会都曾在澳门活动，并在这里修建了各自的会院及教堂。

今天，在世界遗产"澳门历史城区"不足3平方公里的范围内，便分布着大大小小六间教堂，而且都至少有300年之久的历史。从南到北，这些教堂包括圣老楞佐堂、圣若瑟修院圣堂、圣奥斯定堂、玫瑰堂、大堂（主教座堂）和圣安多尼堂。

圣老楞佐堂创建于16世纪中叶，是澳门三大古教堂之一。华人最早称其为"风信堂"，又以粤语谐音称为"风顺堂"，有祈求"风调雨顺"之意。澳门最早的历史著作《澳门记略》载："西南则有风信庙，蕃舶既出，室人日跂其归，祈风信于此。"说的就是澳门葡人妇女在丈夫外出远航贸易时，在这间教堂祈祷保佑一切平安。教堂所在的地区，昔日是高级住宅区，包括澳督在内的达官贵人都住在附近，所以教堂建筑也显得美轮美奂，华丽巍峨。时至今日，教堂仍然耸立于高台之上，周围绿树环绕，清幽宜人。进入教堂内，除欣赏其澳门教堂中少有的彩绘玻璃窗外，更可留意挂于墙壁两边的"耶稣十四苦路"木雕，手工精巧，活灵活现，是澳门教堂中的雕刻精品。

圣若瑟修院圣堂顾名思义，附属于圣若瑟修院。修院由创办圣保禄学院的耶稣会修士创建于1728年，华人称之为"小三巴"，以区别于圣保禄学院所在的"大三巴"。圣堂奠基于1746年，于1758年落成，今圣堂内有奠基石及奠基纪念铜牌，记载修建圣堂的日期及人员，铜牌背面更有一行汉字："乾隆壹拾壹年捌月贰拾陆日"。

圣若瑟修院圣堂入口与圣老楞佐教堂相隔一条街。站在圣堂门口，首先映入眼帘的便是高54级的石阶，其上便是圣堂华丽辉煌的巴洛克立面；从下仰视，整座圣堂显得格外巍峨高大，沿着石阶一边拾级而上，一边望着圣堂宽大的立面，心中油然而生一种朝圣的庄严感觉。进入圣堂，满眼都是黄白相间的巴洛克装饰，其中两组四枝腰缠金叶的旋柱最具特色，柱头以断山花形式收结。而与之呼应的是入口前厅中四枝支撑二楼唱诗台的木盘旋柱。此外，圣堂屋顶以罗马式穹窿设计，是澳门众多教堂中独一无二的。当阳光直接从穹窿中透入，配合周围黄色的墙壁，置身其中，真有点仿如天堂的感觉。

到圣若瑟修院圣堂，有一件宝物一定要参观，那就是位于圣堂右方祭坛的圣方济各·沙勿略的手肱骨。沙勿略是第一位到远东传教的耶稣会士，1552年死于澳门附近的上川岛，后被誉为"东方宗徒"。该圣髑被视为东方天主教会的重要文物。

位于岗顶前地的圣奥斯定堂，其对面便是中国现存最古老的岗顶剧院（伯多禄五世剧院）。教堂于1591年由西班牙圣奥斯定会修士创建。最初的建筑非常简陋，教士用蒲葵叶覆盖屋顶来遮挡风雨；每当大风吹来，蒲葵叶便随风飞扬，华人远远望去，觉得这情景像龙须竖起，就称教堂作"龙须庙"，后又以粤音转称"龙嵩庙"。

到这间教堂参观，一定要到主祭坛看看那座苦难耶稣像，它是每年一度"苦难耶稣像巡游"的主角。据说这个圣像颇有灵性，曾试过移置于主教座堂，但第二天圣像却失踪了，后来在圣奥斯定堂找回。如是几次，人们认为圣像依恋圣奥斯定堂，便一直将其存放在这里，只每年巡游时放在主教座堂一晚。

澳门华人把主教座堂称为大堂。它始建于1622年，经过多次修缮后，于1937年再度重建成今天的模样。主教座堂是教会的中心，其旁边便是主教办公的公署。主教座堂除承担教区中心工作外，以往历届澳门总督上任时，均习惯到这个教堂把令牌放到圣母圣像旁，以象征权力的神圣。

　　玫瑰堂位于澳门繁华热闹的板樟堂前地上，仿似红尘俗世中的一处净土，供身心疲惫的俗人暂时歇息。这座教堂于1587年由圣多明我会（道明会）会士创建，是该会在中国的第一所教堂。教堂初时用木板搭建，华人称之为"板障庙"，后称"板樟庙"。又因教堂供奉玫瑰圣母，故又称"玫瑰堂"。

　　从澳门市中心议事亭前地往里走，一转弯，一堵黄白相间的古典式立面便立刻吸引你的注意。它便是玫瑰堂了，其立面中央是圣多明我会会徽。进到教堂内，巴西利卡式的布局，黄色为主的墙身，使人感觉明丽耀眼。最叫人兴奋的是主祭坛，拱顶正中描绘着修会会徽，层叠的壁柱间隔扭曲的麻花柱，弯曲的线脚烘托断山花，形成华美的巴洛克风格，是澳门最美丽的祭坛之一。

　　值得留意的是左侧小祭坛上的花地玛圣母像。1929年起，玫瑰堂成为传播葡萄牙花地玛圣母崇拜的重要基地；教堂于每年5月13日举行花地玛圣母圣像巡游，是本地天主教重要的节日活动之一。

　　到玫瑰堂，不可不顺道到其旁边由钟楼改建而成的"圣物宝库"参观，里面收藏了三百多件澳门天主教珍贵文物，是天主教艺术的重要见证。尤其是位于二楼的一套银制圣像出巡銮驾，制于1683年，手工精细，保存完好，具很高的艺术及历史价值。

　　位于白鸽巢前地附近的圣安多尼堂创建于1558年，是澳门三大古老教堂之一。华人称这间教堂为"花王堂"。《澳门记略》载："北隅一庙，凡蕃人男女相悦，诣神盟誓毕，僧为卜吉完聚，名曰花王庙。"说的便是这间教堂。因为圣堂供奉的

圣安多尼堂的圣诞子夜弥撒（陈显耀摄）

圣安多尼被教徒视为婚姻主保，故许多婚礼便在这里举行。华人见婚礼期间装饰有许多花朵，便以"花王庙"名之。

这间教堂多次遭祝融光顾，教堂立面右下角有一块葡文石碑记载其悲惨的历史："（教堂）建于1638年，毁于1809年，重建于1810年，再次毁于1874年，重修于1875年。"1874年9月22日的那场大火人命损失尤其严重，澳门人将这天称作"天灾节"，每年9月22日市民都扛着圣安多尼像上街巡游，以示纪念。

其实，澳门半岛上的天主教堂不止这些，数历史悠久的，起码还有西望洋山的主教山圣堂、东望洋山的圣母雪地殿圣堂，以及位于望德堂区的望德圣母教堂。

澳门不单完好地保存了众多历史悠久、建筑优美的教堂，而且还保存着许多独一无二的天主教礼仪与节日，像上文介绍的苦难耶稣像巡游和花地玛圣母像巡游，全中国便只澳门独有。至于普天同庆的圣诞节，澳门的教堂又岂会落后于人呢？每年一到12月，各个教堂便开始悉心布置，各具特色，务求与世人同享节日的喜乐。各种纪念与庆祝仪式更相继举行，其高潮便是12月24日晚的平安夜了。平安夜凌晨12时，澳门大大小小的教堂都会举行"子夜弥撒"，由神父带领信徒祈祷，颂唱福音，宣讲教义，共同庆祝耶稣的降生。

平安夜，如果你在澳门，不妨到主教座堂参加由教区主教主持的子夜弥撒，共同感受那片和平喜乐的气氛。当然，如果你有雅兴，不妨到澳门历史城区的各个教堂走走，你会在澳门博彩业霓虹灯外，发现一片西方文明在古老中国大地上的珍贵遗产。

四　在澳门见识"中国第一"

　　跟许多历史古城一样，要见识澳门的深层文化底蕴，只能够老老实实地以脚走路、穿梭于大街小巷中来发掘；而且，当你为这些琳琅满目的中西建筑而目眩神迷之时，分分钟有可能错过了许许多多的"中国第一"。

　　我们从市中心一个叫岗顶前地的小山丘开始吧。这个地方原称磨盘山，清末诗人丘逢甲于20世纪初途经澳门时，曾写有《澳门杂诗》十五首，其中一首云："楼台金碧拥南环，灯火千门夜不关。满地烟花春似锦，三更人立磨盘山。"其自注谓："南环为胡贾聚居处，予所寓在磨盘山上，夜望灯火如繁星。"今天，山已磨

岗顶前地昔日称为"磨盘山"

何东藏书楼，墙上挂着何东先生画像（陈显耀摄）

圣若瑟修院入口（陈显耀摄）

中国第一间西式慈善机构仁慈堂

平成一片小广场，由碎石铺成波浪图案的空间里，除散发出浓郁的欧陆情调，让人感到无尽的悠闲舒适外，周围更是名胜林立。由右手边开始，有古典园林风格的何东图书馆（何东是澳门名人何鸿燊的叔祖，此处原为其在澳门的度假别墅）；紧接图书馆的，是圣若瑟修院入口，它是中国现存最古老的天主教修院，创办于1728年；与修院毗邻的，是中国土地上第一间西式剧院——伯多禄五世剧院（岗顶剧院），于1860年由澳门葡人集资兴建，是中国现存最古老的西式剧院；在剧院对面的，是创建于1586年的圣奥斯定堂（俗称龙嵩庙）。

你没想到一块小小的岗顶前地竟藏着这许多"中国第一"的历史遗迹吧。

从岗顶下到新马路，便是市政署大楼，其前身是代表澳葡管治的权力核心之一议会。对面的议事亭前地上，有一座显眼的白色建筑物——仁慈堂大楼；仁慈堂于1569年创办，是一家慈善机构，是中国第一个且延续至今的外国人办的慈善机构。经过议事亭前地往前走，见到黄墙白线的玫瑰堂了。经过玫瑰堂，往右转入大堂巷，是当

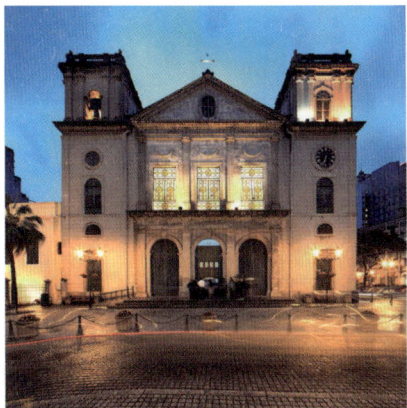

澳门主教座堂　　　　　　　　白马行医院（1940年）（澳门档案馆照片）

年赌王卢华绍的旧居"卢家大屋"所在；再往上便是澳门的主教座堂。可以一提的是，澳门教区于1576年成立，是中国第一个教区。

　　由玫瑰堂所在的板樟堂街往前直走，经过店铺林立的伯多禄局长街（白马行），其尽头处便是亮丽巍峨的葡萄牙驻港澳总领事馆，其原址是中国第一家西式医院白马行医院（创办于1569年）。当你经过医院后街，转入笔直的疯堂新街，望着远处的望德堂前进，你知道吗，你已跨过一堵城墙，一堵当年分隔葡萄牙人与华人的城墙，也就是说，你已进入当年葡萄牙人认为是"城外"的地区。

　　望德堂区，又称进教围，因为这里是华人天主教徒最早聚居的地方；附近有一条和隆街，和隆是一位富有的中国天主教徒，他死后就葬在距此不远的圣味基坟场内，是坟场有年份记载中最早的华人墓穴。这座坟场则开辟于1854年，里面葬了许多名人（如著名华商何贤、葡萄牙现代主义大诗人庇山耶），也是个欣赏西方雕塑的好地方，因为西人墓园好以雕塑来装饰墓地。至于那望德堂，创办于1569年，是澳门三大古老教堂之一，当年又称疯堂，因为附近有一所麻风病人的收容所。

　　总括来说，这段短短的路程，是一条由"城中心"走向"城外"的路，因为

望德圣母堂

今天望德堂区一带，是当年葡萄牙人居住地区"天主圣名之城"的外围。在这段路程上，有影响当年葡人社会至深的两个权力机构：世俗权力的议事会和宗教权力的主教座堂。当然，最重要的是，在这拥有众多"中国第一"的空间里，既有富绅何东和卢华绍的大宅，又有西式教堂、大楼、坟场，更有众多公共建筑——在短短的距离里"缩龙成寸"地容纳着不同文化，保存着不同特色的文物建筑，并且互相影响，互相渗透，相映成趣，这就是体现澳门尊重多元文化、共存互补的最佳例证。

附录

澳门非物质文化遗产中的节庆及其他活动

根据澳门《文化遗产保护法》，拟订清单是保护非物质文化遗产的基础，为此文化局拟订有关清单，以识别、确认和保护澳门的非物质文化遗产。截至2019年，列入非物质文化遗产列表的项目共有15个，包括粤剧、凉茶配制、木雕－神像雕刻、道教科仪音乐、南音说唱、鱼行醉龙节、妈祖信俗、哪吒信俗、土生葡人美食烹饪技艺、土生土语话剧、土地信俗、朱大仙信俗、搭棚工艺、苦难耶稣圣像出游和花地玛圣母圣像出游。

名称	简介	参阅本书
土地诞	土地诞诞期为农历二月初二。 澳门民众信仰土地神的风气很盛，不但众多商号、民居安置土地神的塑像，还有多座土地庙。最隆重贺诞的是居住在雀仔园一带的街坊。	
苦难耶稣圣像出游	苦难耶稣圣像出游，俗称"出大耶稣"，是天主教"苦难耶稣九日敬礼"的一部分，于每年四旬期的首个周六及周日进行。	圣奥斯定堂
北帝诞	诞期在农历三月初三。贺诞活动包括一连几晚的神功戏及烧香酬神等活动。	氹仔北帝庙
娘妈诞	农历三月二十三日的妈祖诞（天后诞），水上渔民和陆上居民自发组织祭祀，酬神募捐，在妈阁庙前张灯结彩、祭祀请神、竞投胜物，搭棚上演神功戏，故称水陆演戏会。	妈祖阁

佛诞节 （浴佛节） 醉龙节 谭公诞	农历四月初八既是佛教的浴佛节，道教的谭公诞，也是醉龙节。 佛诞节又名浴佛节，原是佛教的"释迦佛祖诞"。根据习俗，这一天澳门的佛教寺庙内会举行"浴佛"活动：僧人用五香水浴佛，作龙华会，象征弥勒降生。是佛教一个重要庆典。 澳门鱼行醉龙节是澳门鲜鱼行独有的一项民间传统节庆活动，又称澳门鱼行醉龙醒狮大会。四月初八，由全行会成员在澳门三街会馆举办舞醉龙醒狮活动，进行祭祀、舞醉龙醒狮表演、街道巡游、派发龙船头饭等仪式。 醉龙只有头和尾，用坚实木料制成，没有龙身，由两名艺人各执头尾舞动。他们一边舞龙，一边喝酒，舞步似醉非醉，十分有趣。 谭公诞时路环谭公庙前有声势浩大的庆祝活动，包括上演粤剧、巡游、舞龙等。	三街会馆 （关帝古庙） 路环谭公庙
花地玛圣母圣像出游	每年5月13日举行。 花地玛圣母圣像出游是天主教"花地玛圣母瞻礼及九日敬礼"的一部分，借此纪念1917年在葡萄牙花地玛堂区发生的"花地玛圣母显现"，以及为普世和平与澳门所有基督徒的更新祈祷。	玫瑰圣母堂
哪吒诞	具有三百多年历史的澳门哪吒信仰，崇尚"三十三天哪吒太子"，既有民间神话部分，又结合本地风俗文化，发展出自己独特的色彩，无论其传说、诞历和仪式，都跟邻近地区有明显的区别，其祭祀的仪式相当传统。除建醮祈福外，还有巡游、飘色、印平安符、抢花炮、求哪吒印符、派平安米及举办神功戏等本地区民间信俗活动。	哪吒庙

资料来源：

澳门文化遗产网：http://www.culturalheritage.mo/cn/detail/2264

澳门旅游局：http://zh.macaotourism.gov.mo/events/calendar.php

澳门历史城区景点开放时间表

郑家大屋	10：00—18：00（17：30停止入场） 逢星期三休息，公众假期除外
圣老楞佐堂	07：00—17：00
圣若瑟修院大楼及圣堂	圣堂10：00—17：00（由三巴仔横街进入） 修院不对外开放
岗顶前地	全日开放
岗顶剧院	10：00—18：00 逢星期二休息，澳门公众假期照常开放
何东图书馆大楼	星期一 14：00—20：00 星期二至星期日 08：00—20：00
圣奥斯定堂	10：00—18：00
市政署大楼	09：00—21：00 画廊 09：00—21：00 逢星期一休息，澳门公众假期照常开放
议事亭前地	全日开放
三街会馆（关帝庙）	09：00—18：00
仁慈堂大楼	仁慈堂博物馆 10：00—12：00，14：30—17：30 逢星期一及澳门公众假期休馆
大堂（主教座堂）	07：30—18：30
大堂巷七号住宅（卢家大屋）	10：00—18：00（17：30停止入场） 逢星期一休息，澳门公众假期照常开放
玫瑰圣母堂	10：00—18：00
天主之母教堂遗址（大三巴牌坊）	天主教艺术博物馆和墓室 09：00—18：00（17：30停止入场） 逢星期二14：00之后休馆，澳门公众假期照常开放 大三巴遗址 09：00—18：00（17：30停止入场）

哪吒庙	08：00—17：00 哪吒展馆 10：00—18：00（17：30停止入场） 逢星期三休馆，澳门公众假期照常开放
旧城墙遗址	全日开放
大炮台	炮台及花园 07：00—19：00 澳门博物馆 10：00—18：00 逢星期一休馆，澳门公众假期照常开放
圣安多尼教堂（花王堂）	07：00—17：30
东方基金会会址	画廊 09：30—18：00 星期六、日及公众假期休息 花园 09：30—18：00
基督教坟场	08：30—17：30
东望洋炮台（包括圣母雪地殿圣堂及灯塔）	炮台 09：00—18：00 圣母雪地殿圣堂 10：00—18：00（17：30停止入场） 灯塔 不对外开放

资料来源：澳门世界遗产网（http://www.wh.mo/cn/visitor/#）

后记

　　我曾在澳门文化局文化财产厅工作，负责澳门文化遗产的宣传、教育、推广（请参看本书代序）。2006年，我转到《澳门日报》副刊课任编辑。2007年，澳门旅游局与报社合作推出一个名为《感受澳门》的特刊（此特刊至今仍出版），两周一期，专门推介澳门文化遗产和当月举办的节庆活动，社里派我负责主编。为此我就"重操故业"，撰写介绍澳门文物的文章。由于是在报章刊出的推广文字，除了选题上要配合节庆活动（如哪吒诞、音乐节、圣诞节之类），也不能干巴巴地只叙述年份、史实，必须照顾读者的阅读兴趣，所以我在笔调上就写得轻松些、活泼些，甚至加进文学性的抒情。同时，我也专门去找一些较深入的资料，比如天主教圣像的传统艺术形象、中国民间神祇或节庆的传说、梅罗普夫人的传奇事迹、妈祖阁与摄影术传入中国、英国人笔下的白鸽巢公园，以至《中美望厦条约》的签订处……总之，我希望以某个文物建筑为点，引申出与其相关的历史或文化剖面，最终呈现出一幅绚丽璀璨的澳门画卷。

　　2010年我离开报社，介绍澳门文化遗产的写作因此停止。这几年，我一直希望当年写下的这批文章可以结集出版，一来是为纪念自己在澳门文化遗产方面的工作；二来也是敝帚自珍，纵使现在介绍澳门文化遗产的书籍已有不少，前辈或先进也不断有新文章刊出，但私意以为自己的这些文章仍有一定价值，可为澳门文物的巍巍巨厦添砖加瓦。如今，幸蒙林宋瑜博士推荐，拙作获广州花城出版社垂青出版，我当然无比兴奋，也无比感激。

　　关于本书内容，我需要略作说明如下：

　　1. 本书分"澳门历史城区""澳门文化遗产""逛澳门"三辑，以及附录。书内大部分文章来自《感受澳门》特刊，其余是应期刊邀稿而写的，受各刊篇幅所限，长短不一；又由于文章写于不同时期、不同刊物，部分内容可能重叠。此次出版，除个别文章略有修订、景点名称依新法规统一、更新资料（如东望洋灯塔于2019年被列入《中国工业遗产保护名录》）等，基本上保持发表时原貌。同时加入去年写的一篇《回归后，我做了"导游"》作代序，以向读者报告我参与澳门文物保护工作的感想。附录的两个表则根据澳门文化局和旅游局的网页内容而略有修改。

2. "澳门历史城区"内共有22座文物建筑，但辑一"澳门历史城区"部分并未涵盖全部，尚有何东图书馆、主教座堂、卢家大屋（大堂巷七号）以及旧城墙遗址等4处留待他日补充。

3. 澳门特区政府2018年颁布第31/2018号行政法规（被评定的不动产及其缓冲区的名录和图示）且于2019年元旦起生效，重新规范了全澳共128项文化遗产的名称，比如把"大三巴牌坊（前天主圣母堂）"，正名为"圣保禄学院天主之母教堂遗址（大三巴牌坊、前地及石阶）"。本书各景点的名称依此法规作统一处理，但适当保留已广为熟知的旧名。

4. 我不是专业的历史研究者，各个文物景点的介绍内容，乃系综合学者的研究成果再经本人改写而成，在不影响行文的流畅下，我尽量于文中说明引用的是哪位学者、专家的意见。我认为这是应有的对学者、对版权的尊重，同时表明本人所述乃有所根据。当然，毕竟是普及性的文章而非学术论文，我无法把曾参考的论著一一列出或注明，谨此向所有热心澳门文史研究的学者、专家致以衷心致敬和感谢！同时，关于澳门的史料浩瀚无穷，而且涉及中葡英三语，我是半路出家之人，转口贩卖，本书内容如有错漏，敬请方家不吝指正！

5. 书里的照片大部分是我拍摄的，但为使读者领略澳门文物建筑之美，蒙著名摄影师陈显耀提供照片，使本书大为生色，谨向耀哥致万分感谢！

从2000年开始参加澳门文物保护的推广、教育工作，我一直得到无数的老师、朋友指导和帮助。我首先要感谢当年文化财产厅的一班领导和同事，尤其是陈泽成先生、张鹊桥建筑师、陈建成建筑师、吕泽强建筑师、李文锋工程师，在他们的引领下，我这个文学人慢慢学会去欣赏一座建筑物，慢慢认识文物保护工作的内涵和意义。这是一个改变我本人与一座城市情感的转变，我无限感恩！

著名学者汤开建教授是我在大学本科时就有缘拜识的澳门史研究专家，虽然我不是历史系专业的，但从汤老师平日的教导和丰厚的著作中，我认识到历史研究中史料的重要性，以及有一分证据讲一分话的实证性，这是我从事文物宣传教育时铭记在心的指导原则。金国平老师和吴志良博士的研究奠下澳门历史研究最厚实的基础，且屡有新创，修正俗见，我从中受益无穷。此外，谭世宝教授、叶农教授、陈文源教授、林广志教授、林发钦教授，以及我的老师黄晓峰博士、刘月莲博士，已故的徐新先生，都曾关心和指导过我。上述各位师长，请接受我最衷心的敬意和谢意！

在《澳门日报》工作期间，得到李鹏翥先生、陆波先生、温能汉先生、李业飞先生、汤梅笑小姐、廖子馨小姐以及副刊课众多同事的关心和帮助，在此谨致无限感激！尤其是李鹏翥先生，他本人就是澳门文史研究的前辈，其著作《澳门古今》一版再版，成为澳门文史教育工作者的案头必备书。我除从李先生的著作中获益外，在报馆工作期间更有机会亲聆训诲，记得他几次拿来友报的相关版面，指示我编《感受澳门》特刊时可作参考。今先生已逝，当日谆谆教导犹在眼前，思之泫然。

同时，需要感谢澳门旅游局开设《感受澳门》特刊，以及当年负责跟进同事的支持和帮助。

衷心感谢花城出版社编审林宋瑜博士的引荐，感谢本书责编揭莉琳小姐对拙稿从书名到编排提供专业修改意见和费心费力编校；当然，更要感激花城出版社。1988年，黄晓峰先生编的《神往——澳门现代抒情诗选》由花城出版社出版，应该是内地出版的第一本澳门诗歌选集。那时澳门现代诗歌创作起步不久，澳门文学在华文文学世界悄然无声，花城出版社却愿意为之鼓与呼，实在难能可贵。在此特记一笔，以见花城出版社对澳门文学的支持与缘分。

在报社编《感受澳门》特刊期间，正是我与太太初识之时，有时会拉着她陪我去文物景点拍照；结婚之后，许多个假日，我扔下孩子给她，自己跑去拍照。本书得以写成，要非常感谢我太太支持的功劳。今年是我们结婚十周年，谨以本书作为小小的礼物纪念。

本书书名借用自近代著名思想家郑观应写的《题澳门新居》二首之一："三面云山一面楼，帆樯出没绕青洲。侬家正住莲花地，倒泻波光接斗牛。"郑观应的"澳门新居"郑家大屋已成世界文化遗产"澳门历史城区"内的著名景点。"莲花宝地"澳门于回归后不久的2005年获此世遗殊荣，是获中央政府大力支持的结果。今年是新中国成立70周年、澳门回归祖国20周年的"双庆"大喜之年，拙著能于此时出版，与有荣焉。若读者看完本书，爱上澳门这片由中西文化雨露浇灌出来的艳丽春色之余，能从中感受到我中华文化在面对外来挑战时有容乃大的包容性与创造力，则幸甚至哉！

黄文辉谨识

2019年9月23日